MA VIE EN RÉALITÉ

MAGALI BERDAH

MA VIE EN RÉALITÉ

préface de Gilles Verdez

ARCHIPOCHE

Un livre présenté par Jean-Claude Elfassi
et Ilana Hansen

Notre catalogue est consultable à l'adresse suivante :
www.archipoche.com

Éditions Archipoche
34, rue des Bourdonnais
75001 Paris

ISBN 978-2-37735-261-6

Préface

UNE REVANCHE SUR LA VIE

Dans ses yeux verts, une mélodie contrastée. Une flamme d'abord vacillante, celle d'une vie décomposée par la rupture de ses parents. Le sourire ombré qui accompagne ses gestes saccadés témoigne de ces périodes agitées, incertaines, d'une instabilité érigée en mode de vie à son corps défendant. À ses rendez-vous, elle arrive en retard pour ne pas devoir attendre…

Magali Berdah a finalement tout connu, du déchirement à l'enrichissement, de l'échec absolu au succès inattendu, du désespoir au fol espoir. Née en 1981, élevée par ses grands-parents juifs à Saint-Tropez, kidnappée, récupérée à Lyon par son grand-père qui décède peu après, elle vit une enfance qui ne lui appartient pas. Alors qu'elle est séparée de son frère, qu'elle revoit bien plus tard, le tourbillon de l'existence lui sert de pilier, un pilier déraciné, emporté par les vents contraires d'une tempête intérieure.

Sa vie est un roman ou, mieux, une autobiographie. Elle se lit à un rythme haletant. Aujourd'hui, elle a réussi, elle côtoie les chefs d'entreprise les plus importants de l'audiovisuel. Son objectif ? Le développement à l'international. Après les candidats de téléréalité, les chroniqueurs, les animateurs, Magali se félicite de compter désormais, parmi ses partenaires, des footballeurs, des blogueurs et diverses célébrités. Tous intéressent cette perpétuelle dénicheuse de talents.

Sa réussite ne se mesure pas seulement à l'aune de sa nouvelle fortune, mais aussi à l'équilibre d'une structure familiale soigneusement tissée, tels les brandebourgs des maréchaux napoléoniens derrière lesquels les soldats se rangeaient, galvanisés, sûrs des triomphes imminents. Enfant de la séparation, elle sait combien la famille est précieuse ; elle dépend alors de sa grand-mère, qui l'a élevée seule et l'a aidée au moment de ses études, certaine déjà de la fibre entrepreneuriale de sa petite-fille.

Elle sait aussi à combien s'élève le prix de la réussite. Avant son indéniable succès professionnel, elle aborde le monde du travail par le prisme des assurances. Mais la chute vertigineuse des mutuelles a raison de cette première expérience qui s'achève par un naufrage : « Oui, je me casse vraiment la figure. » Fidèle à son caractère forgé dans les épreuves, elle lutte, refuse d'entériner le fiasco. Aujourd'hui, elle a tiré un trait sur les arriérés financiers consécutifs à cette « carrière » dans les mutuelles. Pour solde de tout compte.

Magali doit tout recommencer. Une nouvelle fois, elle croit en son destin. Son enfance lui a été dérobée, sa vie d'adulte lui appartiendra, à elle et à personne d'autre. Plus jamais elle n'abandonnera. Une ancienne salariée lui présente une candidate de téléréalité. Coup de foudre professionnel. Elle rencontre d'autres candidats de cette nouvelle discipline télévisuelle qui propose des quarts d'heure de célébrité aussi gratifiants que déstabilisants. Elle perçoit le vide qui risque d'aspirer la plupart de ces jeunes propulsés vers une notoriété imprévue, démunis, parfois faibles, souvent perdus.

Pourquoi une telle proximité ? Magali formalise cette immédiate connexion : « Moi aussi, j'ai été à l'abandon. » Elle demande cent euros sur chaque contrat avant d'augmenter progressivement sa commission. Vite, elle est submergée de demandes. Ses succès ne portent pas de noms, juste des prénoms : Jessica des « Marseillais » – à la très forte communauté sur Instagram –, la star Nabilla, ou encore Milla, Amélie, Julien Tanti, Manon Marsault, Kevin Guedj, Ayem Nour … Son secret ? Conjuguer dynamisme commercial et affect avec celles et ceux dont elle s'occupe. Elle passe des heures à discuter avec ces icônes générationnelles de la téléréalité ou ces candidats immergés dans ce monde complexe à appréhender.

Lorsqu'elle se lance, les réseaux sociaux en France demeurent un concept peu utilisé par les marques. Elle se propose en interface, adapte les besoins des marques au potentiel de ses propres recrues, crée du contenu sur le modèle américain. Elle donne ses lettres de noblesse au « placement de produit ». Jessica ou Nabilla vantent les mérites de telle ou telle marque ? Cette dernière voit s'envoler ses ventes. Un « gagnant-gagnant » version 2.0. Elle en sourit et se souvient avec une ironie mordante des critiques acerbes à l'encontre de la téléréalité et des conséquences de ce bashing *: les grands producteurs ont ignoré ce phénomène, passant totalement à côté de l'émergence de cette nouvelle télévision, celle des jeunes.*

Aujourd'hui, beaucoup courtisent la jeune femme. Du manque d'acuité initial du système, elle forge sa destinée glorieuse. Avec Nabilla, par exemple, elle développe une relation d'une extrême proximité, assortie d'une totale confiance. La figure de proue de la téléréalité lui confie ainsi son projet de mariage avec Thomas et autorise Magali à en parler sur le plateau de l'émission phare de C8, « Touche pas à mon poste », produite et présentée par Cyril Hanouna. L'animateur a toujours soutenu Magali, tout comme deux de ses chroniqueuses qu'elle cite avec tendresse, Valérie Bénaïm et Enora Malagré.

Dans ses yeux verts, une mélodie endiablée. Croiser Magali Berdah s'apparente à un jeu de piste. Le téléphone collé à l'oreille, cheveux bruns et mèches châtain clair soigneusement coiffés, elle gère planning et rendez-vous en les modifiant en continu. Elle dort quatre heures chaque nuit, par séquences brèves, afin de ne jamais lâcher longtemps son téléphone. Avec le décalage horaire inhérent aux tournages à l'étranger des émissions de téléréalité, ses interlocuteurs la sollicitent en permanence. Comme les plus grands agents de footballeurs, elle ne gère pas seulement les contrats, mais aussi les états d'âme, conseillère du portefeuille mais aussi de l'âme, fine psychologue. « Je les aime vraiment », jure-t-elle. Impossible de ne pas la croire, tant ses mots exhalent une inaltérable passion. Les caprices de certaines divas, les histoires de cœur, les impondérables, les vicissitudes du quotidien, les retards de transports, les grèves, rien ne la détourne de son objectif : avancer, construire un nouveau mode entrepreneurial, développer son projet, promouvoir sans cesse Shauna Events.

Désormais à l'abri financièrement, peut-elle enfin profiter de l'existence en famille ? Loin de là. On ne fuit pas son passé, on ne délaisse pas son être intime. « Même sereine, je suis en danger », résume-t-elle d'une formule. Elle ne nie pas traverser une période plus apaisée qu'il y a un an et demi. Mais, en ce mois de mai 2018, attablée dans un café parisien, elle tourne fébrilement la tête vers un potentiel ennemi invisible. Incapable de « faire confiance », elle transige en permanence avec ses angoisses, pactise avec ce diable intérieur qui ne la ronge pas, mais la force au qui-vive. Elle contrôle : question de survie. Le mot sort de sa bouche comme une bouée à laquelle on s'accroche. Survivre, c'est aussi vivre.

À Juan-les-Pins, sa société s'est installée sur tout le côté d'une rue. Sa visibilité gêne. Un concurrent la harcèle. Sa vie se transforme en roman, noir cette fois. Pris en flagrant délit, ce rival malhonnête s'exile au Maroc. Elle raconte sa mésaventure sur les réseaux sociaux, un texte émouvant « liké » cinq mille deux cents fois. Elle reçoit des lettres en grand nombre, les gens se reconnaissent en elle. Un jour, le quotidien régional Nice-Matin *repère cette success story et lui consacre un article. Ses problèmes d'endettement sont compris de très nombreux Français qui admirent également sa rédemption. Oui, il y a un avenir ; oui, elle incarne l'espoir de « s'en sortir ».*

Elle ouvre un bureau parisien qu'elle ne fréquente guère, préfère se déplacer chez ses interlocuteurs ou négocier ses contrats dans des cafés du centre de Paris. Dans la capitale, elle dort à l'hôtel. Pas question, pour cette méditerranéenne dans l'âme, de s'y sentir comme à la maison. Magali croit en elle, casse les codes, excessive, passionnée, vit à cent à l'heure, donne tout ou rien, travaille sept jours sur sept, jongle avec ses obligations pour s'occuper de ses trois enfants. Plus rien ne l'arrête, ni les jalousies, nombreuses et parfois très conflictuelles, comme elle le raconte dans ce livre, ni les polémiques, ni les entraves, pas même un contrôle fiscal. Elle ne marche plus, elle court. Fortune faite, elle propose à son compagnon, Samuel, d'arrêter de travailler. Mais ce carrossier, passionné de chasse sous-marine, trouve son équilibre dans le garage de ses parents. Pas question de suspendre son activité professionnelle. Il ne rechigne pas à aider Magali lorsqu'elle est débordée, mais il n'entend pas devenir le « mari de ». Leur partition s'interprète en duo.

Aujourd'hui se profile le temps de la maturité. De la résilience. La reconstruction après l'abandon. Il y a bien une vie rêvée pour Magali. À la fois par l'équilibre familial et la frénésie entrepreneuriale. Peut-on distinguer, dans sa passion pour les candidates et candidats de téléréalité, une volonté non exprimée de (re)vivre par procuration une enfance impossible ? Un rejet des regrets, une volonté exacerbée de jeter par-dessus le bastingage pesanteurs et atermoiements ? C'est le temps de l'action, de l'innovation, y compris hors de nos frontières. Le monde de Magali Berdah s'exporte, grandit. Fière de se raconter, fière de ce qu'elle a bâti, fière de ce livre, elle vous fixe de son regard souriant.

Dans ses yeux verts, une mélodie apaisée. Enfin.

Gilles VERDEZ

PROLOGUE

9 janvier 2018. Nabilla Benattia poste sur les réseaux sociaux une vidéo promotionnelle au profit d'un site web spécialisé dans le trading et plus particulièrement dans le bitcoin, la monnaie virtuelle qui nourrit les rêves les plus fous des financiers en herbe.

La vidéo était censée parler de la formation au trading. Or Nabilla se contente d'évoquer la monnaie virtuelle. Le post est repris, commenté, moqué. L'affaire va si loin que l'Autorité des marchés financiers – l'AMF – s'estime en droit d'intervenir et de publier à son tour un post rappelant à la star que jouer avec l'argent comporte des risques.

Sur les réseaux, des articles reprennent entre guillemets les propres mots de Nabilla : « Les chéris, je ne sais pas si vous avez déjà entendu parler du bitcoin. Genre, c'est cette sorte de nouvelle monnaie virtuelle et, en fait, je connais l'une des filles qui travaille avec un trader et qui sont à fond dans le bitcoin. C'est un peu la nouvelle monnaie, genre la monnaie du futur. Et heu, et donc en fait je trouve que c'est assez bien. Et comme en ce moment, genre c'est grave en train de se développer, ils ont créé un site. Je vais vous le mettre juste en dessous, vous faites glisser comme d'habitude… Ça commence à peine à se développer et je pense que c'est le moment de s'y intéresser un petit peu. [...] Et même si vous n'y connaissez rien, ça vous permet de gagner de l'argent sans investir beaucoup.»

Ces articles me contrarient. C'est le cyberlynchage qui recommence ! Je suis d'autant plus mal à l'aise que l'information est reprise par la chaîne BFMTV, par le journal *L'Express*, par d'autres...

Nabilla est une des icônes de la téléréalité. Elle vit jour et nuit sous le feu des spotlights. Tout le monde scrute le moindre de ses mouvements, la moindre de ses réactions, pour ne rien dire de ses prises de parole. En d'autres termes, la plus petite erreur risque fort de lui être fatale – et donc, par voie de conséquence, de nous faire du tort.

Mon métier? Je l'ai créé moi-même en 2016. Il consiste à aider les vedettes de programmes de téléréalité, une fois sorties du petit écran, à rester dans le tableau pour ne pas perdre leur notoriété et donc leur «gagne-pain». C'est le rôle de ma société, Shauna Events: transformer mes clients en «influenceurs»... et en «influenceuses», bien entendu !

Heureusement, Nabilla en a vu d'autres. Elle fait face, avec cet aplomb naturel qui ne la quitte jamais et la spontanéité qui a fait d'elle une star des médias. Elle aura bientôt la surprise de voir le quotidien *Libération* publier quelques lignes sur le sujet. Sitôt le papier en ligne, Nabilla m'envoie un message Whatsapp contenant le tweet de *Libé* et une question anxieuse: «Tu crois qu'ils vont me lâcher un jour ?»

Mais le tweet de *Libé* contient une coquille. Ils ont titré: «Nabilla épinglée par l'Autorité des *marché* financiers.» Je réponds au message Whatsapp de Nabilla: «Dis-leur qu'au lieu de te faire la morale ils feraient mieux d'apprendre le français : il manque un *s* à *marchés*. » Puis je lui envoie un autre message : « Je rigole ! N'écris pas ce que je t'ai dit, ils risquent de se déchaîner encore plus ! » Réponse de Nabilla : « Trop tard, j'ai déjà envoyé le tweet ! » Elle n'a pas pu s'empêcher de réagir…

Son message sera partagé des centaines de milliers de fois. Sur le ton de l'humour, elle est parvenue à retourner la situation et à orienter l'opinion publique en sa faveur. Le tweet de Nabilla fait le régal des internautes, qui publient des commentaires du genre : « Nabilla qui corrige *Libé*, la fin du monde est proche. »

L'épisode semble résumer la vie de Nabilla. Quelle autre fille, après avoir fait de la prison, serait revenue sur le devant de la scène comme si rien ne s'était passé ? Et n'oublions pas que Thomas, son ami, le destinataire du coup de couteau, est toujours fou amoureux d'elle à l'heure où j'écris ces lignes…

Cette fille a décidément une bonne étoile. Elle se sort toujours des tempêtes et des marécages le sourire aux lèvres, bien coiffée, sans une goutte d'eau dans les cheveux. Quels que soient les micmacs auxquels elle se trouve mêlée, elle parvient à se faufiler pour mieux rebondir. Est-ce affaire de magie ? de karma ? Son parcours, en ce sens, s'apparente au mien. Combien de fois, moi aussi, ai-je eu le sentiment d'être empêtrée dans une galère qui ne serait jamais arrivée aux autres, dont je me demandais si elle n'aurait pas raison de moi, et dont, au bout du compte, je me relevais plus forte et moins découragée ?

Mais reprenons depuis le début…

1

Saint-Tropez

Si loin que je remonte dans ma mémoire, mon premier souvenir est l'antique porte en bois du restaurant tenu par mes grands-parents, face à l'église de Saint-Tropez. C'est là que se déroulent mon enfance et mon adolescence.

Je n'ai pas vu le jour au sein d'une grande famille du show-business. Lorsque je nais à Lyon, le 26 novembre 1981, mon frère, Sébastien, a trois ans. Très vite, l'amour s'étiole entre mes parents. Nicolas, mon père, entretient une liaison avec la meilleure amie de ma mère, Patricia. Celle-ci se doute de quelque chose et finit par les surprendre. Le divorce est inévitable. J'ai à peine deux ans et demi.

Ma mère dispose alors de très faibles revenus et sa vie n'est pas stable. Elle décide de nous confier, Sébastien et moi, à ses parents. Et nous voilà partis pour Saint-Tropez. Mais Patricia ne reste pas avec nous : elle préfère « monter à Paris » afin d'y chercher du travail et de refaire sa vie. De notre côté, nous ne saurons pas grand-chose de sa nouvelle existence car elle nous laissera de longues années sans nouvelles.

Pour autant, son absence ne fait pas de moi une enfant malheureuse. Je suis élevée par mes grands-parents. Guy Israël Livchitz est d'origine russe et Lydie d'origine turque. Après avoir vécu en Algérie, où ma mère est née, ils débarquent à Saint-Tropez pour s'établir dans un immeuble acheté en viager à la tante de ma grand-mère. Tous deux prennent très au sérieux leur rôle de parents de substitution et parviennent à créer, pour mon frère et pour moi, un foyer aimant et protecteur.

Lydie et Guy parlent fort et affichent des tempéraments affirmés. Mon grand-père est un colosse russe aux yeux bleus et au timbre de baryton. Sa grosse voix chaleureuse résonne dans tout le quartier. Dans la résidence où nous vivons fenêtres ouvertes, tout le voisinage est au courant de ce qui se passe chez nous !

Véritable bête de somme, Pépé est aussi un bon vivant, parfois déraisonnable, et qui adore plaisanter. Malgré sa stature impressionnante, c'est un homme doux et généreux, qui donnerait sa chemise à un inconnu. Prêt à tout pour me faire rire, il me regarde comme sa princesse. Mon éducation, toute ma vie reposent sur lui. Il veille sur les siens avec attention. À mes yeux, il représente l'homme idéal. Je l'admire.

Ma grand-mère est plus petite, toute en rondeurs, et c'est une vraie mère juive. Elle est aussi bien plus sérieuse. À la maison, elle incarne l'autorité. Pour nous préserver, elle s'oblige à cacher de l'argent un peu partout dans la maison et gère comme elle peut le budget familial.

Mes grands-parents, des saisonniers, sont gérants d'un restaurant. Ils travaillent dur et ne comptent pas leurs heures pour s'intégrer à la communauté locale, y parvenant sans difficulté.

Au restaurant, l'atmosphère est souvent survoltée. Pépé, qui se démène pour faire connaître son établissement, recrute des gars sans le sou qu'il harnache de pancartes publicitaires vantant les mérites de son établissement et qu'il envoie se balader sur le port. Il s'agit de faire savoir au plus grand nombre que le resto de Guy et Lydie est le moins cher de toute la Côte d'Azur, afin d'ameuter les touristes, les étudiants et la clientèle des campings alentour. Et les résultats ne se font pas attendre !

Avec ses hommes-sandwichs vêtus de jaune fluo, qui se promènent en ville en exhibant le prix des menus, mon grand-père a su imaginer un nouveau mode de communication. Son restaurant et ses réclames ambulantes seront d'ailleurs immortalisés dans l'un des épisodes du *Gendarme de Saint-Tropez*, avec Louis de Funès.

Aujourd'hui, je me sens l'héritière de mon grand-père. Pépé avait ciblé les « parias » de Saint-Tropez, ceux que les locaux appelaient « les mangeurs de glaces », ces touristes à petits revenus dont personne ne voulait. Toutes proportions gardées, c'est un peu ce que j'ai choisi de faire avec mes personnalités issues de la téléréalité, qui n'intéressaient personne avant que je m'occupe d'elles et que tout le monde s'arrache désormais.

*

Mon grand-père et moi, c'est un fait, nous ressemblons beaucoup. Lydie, d'ailleurs, ne manque jamais d'en faire la remarque. Pour elle, aucun doute, mon caractère vient en droite ligne de notre colosse russe.

Tous les matins, Pépé nous conduit à l'école, Sébastien et moi. Après la classe, il revient nous chercher, mais nous ne rentrons pas à la maison sans passer par le port ni sans nous arrêter chez Sénéquier, dont les délicieuses pâtisseries sont si renommées. Ce rituel du goûter est quasi quotidien. Heureusement, j'ai un compte ouvert dans une crêperie bretonne où j'emmène mes camarades de classe. Je peux m'y rendre aussi souvent que je le souhaite sans rien payer, ainsi qu'au Kid Cool. Il faut dire que Pépé est excessivement généreux. C'est peut-être pour ça qu'aujourd'hui j'ai du mal à me refuser grand-chose et que j'ai tendance à obtenir ce que je veux.

J'aime vivre auprès de mes grands-parents. Et j'aime aussi l'atmosphère d'affection filiale qu'ils ont su créer autour de Sébastien et moi ainsi que les rites familiaux. Par exemple, après le dîner, nous avons toujours droit à trois bonbons. Il y a aussi le rituel du vendredi soir : nous dînons de croque-monsieurs devant la télévision et les dessins animés. C'est notre shabbat à nous ! Car j'oubliais : mes grands-parents sont croyants. Hélas, ils ne peuvent pratiquer, faute de synagogue ou même de commerces casher dans les environs. À la maison, on se contente de célébrer les grandes fêtes juives.

Mon grand-père est aussi pêcheur. Tous les dimanches, il nous embarque, mon frère et moi, sur son petit bateau et nous apprend à attraper des poissons en les appâtant avec de la mie de pain. Et je dois dire que je me débrouille plutôt bien !

Nos grands-parents veillent si jalousement sur nous qu'ils nous laissent rarement nous éloigner d'une semelle, hormis pour aller à l'école. Au restaurant, tout au long de la saison, nous les accompagnons jusqu'à la fermeture. Chaque matin, nous sommes réveillés par la caisse enregistreuse : Pépé fait les comptes ! Pour notre plus grande joie, il fait tomber des pièces involontairement – ou non. D'une voix mi-sérieuse mi-amusée, nous l'entendons alors déclarer :

— Tout l'argent qui tombe est pour vous, tant pis pour moi si je suis maladroit !

Pour Guy et Lydie, notre présence est comme une nouvelle jeunesse. De temps en temps, nous les entendons se disputer comme un jeune couple, hausser le ton et casser des assiettes. Nos grands-parents sont fous, mais aussi tellement drôles et attachants. Ils ont le sens du drame. Nous sommes au spectacle et nos voisins ont l'impression d'assister aux répétitions de la dernière pièce de Marcel Pagnol !

L'été, pas question de partir en vacances : c'est la haute saison au restaurant. Pour arranger ça, Pépé a eu l'intuition géniale d'acheter une caravane dans le camping des prairies de la mer à Grimaud. Un jour par semaine, nous partons donc au vert, à cinq kilomètres de Saint-Tropez, nous entasser avec les autres touristes… et nous sommes ravis ! Voilà le genre d'idées saugrenues dont mon grand-père était fécond.

Brigitte Bardot, la star de Saint-Tropez, chantait : « Je n'ai besoin de personne en Harley Davidson. » Moi, c'est avec mon grand-père que je ne crains personne. Avec sa voix de basse et son physique de lutteur, il en impose à tous. Si je rentre de l'école en pleurant parce qu'un camarade de classe m'a manqué de respect, dès le lendemain Pépé s'en va lui botter les fesses. Après ça, plus un garçon n'a l'audace de me chercher des noises !

*

Et mon père ? Il n'a pas la garde des enfants, mais il conserve un droit de visite et c'est chez lui, à Lyon, que nous passons quelques vacances scolaires.

L'année de mes huit ans, ce séjour estival me paraît plus interminable encore que d'habitude. Et pour cause : mon père a décidé, semble-t-il, de ne pas nous ramener à Saint-Tropez. Que se passe-t-il ? Pourquoi nous garde-t-il avec lui ? Je demande la permission de téléphoner à mes grands-parents, il m'empêche de le faire. Quant à mes questions, il les élude systématiquement.

Mon père, à cette époque, vit avec sa maîtresse, Pascale, dans les bras de laquelle notre maman l'a surpris autrefois et qu'il a fini par épouser, de sorte qu'elle est devenue ma « belle-mère ». Et dans cette ville de Lyon, je n'ai aucun repère, aucune attache. Je ne désire qu'une seule chose : rentrer à Saint-Tropez et retrouver ma grand-mère et mon grand-père !

Il règne chez mon père une atmosphère toute différente de Saint-Tropez. Ici, jamais d'éclats de rire, pas la moindre place pour l'amusement, le plaisir. Exactement l'inverse de chez Guy et Lydie. Et que l'on ne compte pas sur moi pour mettre de l'ambiance ! Toutes les nuits, je pleure des heures durant. Impossible de trouver le sommeil dans ce lit superposé qui n'est pas le mien. Je n'ai qu'une obsession : retrouver mes grands-parents à Saint-Tropez. Que se passe-t-il là-bas ? Nous cherche-t-on ? Est-on inquiet pour notre sort ?

Pascale a pris le nom de mon père et je découvre que celui-ci a pu m'inscrire à l'école, alors qu'il n'a pas notre garde. Comment l'institution s'est-elle laissée berner aussi facilement ? Cette usurpation me donne envie de hurler. Cette vie n'est pas la mienne ! C'est une vie que l'on m'impose, une vie injuste ! À l'école, je répète à qui veut l'entendre :

— Je n'habite pas ici. Je veux rentrer chez moi ! Mes grands-parents m'attendent, ils doivent se demander où je suis… Ils vont m'en vouloir !

Ne pas pouvoir leur parler me rend folle. Et s'ils s'imaginaient que c'est moi qui ne veux plus les voir ? Aujourd'hui encore, je ne supporte pas de perdre le contact avec mes proches. Aussitôt, je me fais des films : je ne voudrais pas qu'ils pensent que je les oublie.

Mais rien n'y fait : l'administration semble se désintéresser de ma situation. C'est tout bonnement sidérant !

D'ailleurs, personne ne me croit. J'éprouve un véritable sentiment d'horreur et de culpabilité à l'idée que Lydie et Guy puissent imaginer que je les ai abandonnés. Croient-ils que j'ai moi-même décidé de ne pas retourner chez eux ? Cette seule idée me rend folle.

J'ignore encore qu'à Saint-Tropez la panique a gagné la famille. Officiellement, ce n'est pas à Guy et Lydie, mais à notre mère que la garde des enfants a été confiée par la justice. À ceci près que nul ne sait où elle se trouve ! Nous ne l'avons pas vue depuis si longtemps…

Mon grand-père, ce héros, n'est pas du genre à se résigner. Coûte que coûte, il entend récupérer ses petits-enfants. Pour retrouver ma mère, il n'hésite pas à engager un détective privé, avec mission de mener l'enquête à Paris. Quand le contact avec Patricia sera rétabli, pense-t-il, il pourra porter plainte conjointement avec elle.

Quinze jours plus tard, notre mère donne enfin signe de vie. Tout le monde se mobilise pour partir à notre recherche. Si bien qu'un jour, en classe, je vois débarquer la police. Dès que j'aperçois les uniformes, je pense : « Pourvu qu'ils viennent nous chercher ! » Je prie de toutes mes forces, espérant enfin une délivrance.

Mon intuition ne m'a pas trompée. C'est bien pour nous que la police s'est déplacée. Mes grands-parents sont là aussi, je les aperçois. Est-ce un miracle ? Ils ont remué ciel et terre et les voilà ici, Guy et Lydie, en compagnie des agents et de l'huissier de justice. Je me précipite vers eux en pleurant, ma joie est indescriptible. C'est sûr, ils viennent pour me sauver ! Ce dont je rêvais depuis des mois se produit enfin, cette scène que je me suis imaginée des milliers de fois, je la vis pour de bon.

Mais une autre personne fait également irruption, une femme bien plus jeune : c'est Patricia, que je n'ai pas vue depuis six ans. Ce souvenir est resté gravé dans ma mémoire avec une précision frappante. Ma mère entre dans la classe. Elle s'avance vers nous. À notre grande stupéfaction, elle tient dans ses bras… un gros bébé. Voilà comment j'ai fait la connaissance d'Aurore, ma demi-sœur, alors âgée de deux ans. Deux ans ! L'âge que j'avais quand maman nous a quittés…

Patricia a donc une vie à Paris, un nouveau compagnon et un troisième enfant. Raison pour laquelle elle doit repartir assez vite.

Mon père a agi au mépris de la loi. Un enlèvement d'enfants ! Comment se peut-il que la justice ait rendu possible une pareille situation ? Et il ne s'arrête pas là. Il cherchera encore à obtenir la garde de son fils et de sa fille. La petite fille que j'étais alors a le sentiment qu'il ne me veut pas que du bien.

À l'époque, je suis encore incapable de mettre des mots sur cette soif de domination qui le caractérise. Et puis, je suis si contente de retrouver Saint-Tropez et le foyer aimant de mes grands-parents !

Quoi qu'il en soit, sur le moment, je suis tout à mon bonheur de rentrer à Saint-Tropez. Chaque fois que je m'en éloigne, c'est comme si l'on m'extrayait d'un cocon protecteur. Je suis bien loin de me douter qu'une série de tuiles va nous dégringoler sur la tête…

*

Il arrive souvent, dans ce genre de cas, que l'administration désigne une enquêtrice sociale pour faire le point. C'est ce qui arrive quelques mois après notre retour de Lyon. Mon père reçoit plusieurs visites d'une fonctionnaire de justice qui se rend aussi à plusieurs reprises à Saint-Tropez pour interroger Guy et Lydie. Sa mission consiste à fournir des éléments aux autorités, afin qu'une décision soit arrêtée concernant le foyer où nous devrons grandir, mon frère et moi.

Dans sa conclusion, le rapport de l'enquêtrice atteste que je suis heureuse chez mes grands-parents : difficile d'affirmer le contraire ! Concernant Sébastien, à l'inverse, son jugement est proprement sidérant : elle estime qu'il est préférable de l'envoyer vivre à Lyon chez notre père. La séparation est inévitable.

Voilà, j'ai neuf ans et je me retrouve seule chez Guy et Lydie, dans ce foyer aimant, équilibré, protecteur, tandis que Sébastien est expédié à Lyon. Aujourd'hui encore, la douleur est là. Et je sais que mon frère a été brisé par cette rupture que je vis comme un arrachement. Par la décision d'une seule femme, un frère et une sœur qui se croyaient inséparables sont violemment éloignés l'un de l'autre, sans espoir de se revoir, au risque de gâcher leur vie à tout jamais. Pour l'un comme pour l'autre, c'est un traumatisme ; mais pour Sébastien, garçon discret et plutôt introverti, les conséquences seront tout simplement désastreuses… Mon frère, c'était mon double. Ensemble, nous avons traversé toutes les épreuves en nous soutenant mutuellement. Autant il était intraverti, autant j'étais extravertie. À l'école, lorsqu'il se disputait avec des garçons, je me jetais sur eux pour le défendre !

L'enquêtrice, par la suite, écrira dans un rapport que Sébastien « s'épanouit dans un environnement catholique ». Mon père et sa famille, en effet, sont chrétiens. Jusqu'ici, nous nous étions « épanouis » au sein de la religion juive, celle de ma mère et de ses parents. J'ai dit que Guy et Lydie n'étaient pas pratiquants. Ils n'en demeuraient pas moins attachés à leurs origines. Ils n'ont jamais compris ce qu'une observation à caractère religieux venait faire dans une enquête sociale. Ils en ont été profondément blessés. Surtout mon grand-père, qui avait élevé mon frère comme s'il était son fils.

Mais le sort en est jeté. Il me faut désormais vivre chez mes grands-parents en fille unique. Sébastien me manque, comme il manque à Lydie. Il arrive que cette situation absurde et inhumaine lui arrache des larmes.

*

Mais la vie suit son cours, imperturbablement. Je reprends seule le chemin de l'école. Mes copines ont beau tout faire pour me consoler, Sébastien est présent dans mon cœur à chaque minute. À la maison, je suis plus proche de mes grands-parents que je ne l'ai jamais été. Notre relation devient même fusionnelle.

J'aime Saint-Tropez sans réserve. Même mon adresse m'enchante, puisque nous habitons chemin des Amoureux. Hélas, le bonheur est chose fragile. Deux ans après nos retrouvailles, notre famille est frappée par un drame : mon grand-père, le seul homme de ma vie, mon sauveur, mon modèle, tombe gravement malade. Il se plaint de violents maux de ventre. Il est transporté à l'hôpital de La Timone, à Marseille, où on lui diagnostique une pancréatite aiguë. Lui qui était solide comme un roc, lui que je croyais indestructible !

Le temps de son hospitalisation, nous déménageons à Marseille. Pépé souffre atrocement, au point de demander à mon cousin Lionel de le « débrancher »...

Une nuit, j'entends ma grand-mère pleurer dans la salle de bains. Seule devant le miroir, elle répète ces trois seuls mots :

— Pourquoi tu pars ? Pourquoi tu pars ?

L'hôpital vient de l'appeler pour l'avertir de la mort imminente de mon grand-père.

C'est la période la plus douloureuse de ma vie. Je n'en garde qu'un souvenir parcellaire, tellement j'en ai souffert. Mon grand-père est le socle de ma vie, mon exemple, ma force. Je n'ai que onze ans.

Le 15 février 1992, je perds plus qu'un père. Mon grand-père était mon pilier, mon roc, mon protecteur, le seul homme sur qui je puisse compter, mon frère n'étant plus là pour moi. Je l'adorais au-delà de toute mesure. Sa disparition me précipite dans un abîme de chagrin. En partant, il laisse dans mon cœur un vide immense. Sans père, sans frère, sans grand-père, je me sens tout à coup terriblement seule.

Le jour de l'enterrement, je m'imagine que Sébastien va apparaître, qu'il sera présent à mes côtés pour la cérémonie, mais cet espoir est déçu. Mon père ne l'a pas laissé venir. Ma grand-mère, blessée, ne comprend pas que l'on puisse manquer d'humanité à l'égard d'un enfant. À l'hôpital, mon grand-père avait manifesté le désir de revoir ce garçon qui était un peu le fils qu'il n'avait pas eu. Pour expliquer son absence, ma grand-mère a dû inventer un pieux mensonge : Sébastien, mineur, n'aurait pas été autorisé à entrer dans le service de réanimation. Mais il attendait dehors…

Seule, assise sur un banc, je regarde passer le cercueil de Pépé. Ma grand-mère n'a pas voulu que je le voie sans vie. Mon cousin Lionel, que j'aime comme un frère et qui a dix-sept ans, a une crise de nerfs. Je prononce quelques mots et nous rentrons à la maison avec ma grand-mère.

Nous étions un trio déchiré par la séparation d'avec mon frère. Désormais, nous serons un duo.

À compter de ce jour, je quitte ma chambre pour dormir dans le même lit que ma grand-mère. Il en sera ainsi jusqu'à mes dix-neuf ans. Je ne peux trouver le sommeil tant qu'elle ne se couche pas à côté de moi et je m'endors la tête sur sa poitrine. Nous nous protégeons l'une l'autre.

Par la suite, ma grand-mère mettra le restaurant en gérance. C'en est fini de l'aisance matérielle que nous connaissions grâce à Pépé. J'ai le sentiment de voir se refermer ainsi un chapitre de mon existence. On ne saurait mieux dire car, soudain, les événements prennent une tournure inattendue…

*

Mon père s'est mis en tête de faire valoir ses droits sur ma personne. Il réclame ma présence chez lui à Lyon. Il ne lui suffit pas de nous avoir arraché Sébastien pour l'avoir à demeure sous son toit, il me veut moi aussi. Cette fois, il a décidé de s'y prendre légalement. Et la procédure, semble-t-il, ne lui fait pas peur.

C'est ainsi que je me retrouve au tribunal, assistée d'une avocate pour enfants. Le verdict ne tarde pas à tomber : la justice choisit de faire partiellement droit à la demande de mon père. Mais, à cause du traumatisme que j'ai subi à la suite de l'enlèvement, les rencontres devront avoir lieu dans un centre spécialisé et sous surveillance.

Bien sûr, je n'ai aucune envie de me plier à cette mascarade qui ne relève d'aucune affection sincère, mais ma grand-mère elle-même insiste : en cas de refus de notre part, elle risquerait d'être accusée de non-présentation d'enfant. Je finis donc par consentir.

Je conserve un souvenir affreux de cet épisode. Les visites sont censées se dérouler à Marseille, le premier samedi de chaque mois, sous surveillance policière et en présence d'une assistante sociale. Ma seule consolation, c'est la perspective de revoir Sébastien lors de ces rendez-vous. J'ai besoin de savoir comment il va, quelle vie il mène à Lyon. Je veux voir s'il a changé, apprendre s'il s'est fait de nouveaux amis et s'il fait du sport. J'ai tellement envie d'entendre sa voix ! Lydie, qui n'a pas le droit de venir, me donne pour lui des paquets de ses gâteaux préférés et des tonnes de bonbons. Je prends mon sac et en route !

Le rendez-vous à Marseille est fixé à 14 heures, un samedi par mois. Je me revois assise sur un banc, dans ce centre spécialisé, attendant l'arrivée de mon père et de Sébastien. L'attente est longue. Les minutes s'égrènent lentement. Et personne ne se présente. Je n'ai pas le droit de m'en aller avant 16 heures. Finalement, ils ne viendront pas. C'est à n'y rien comprendre, j'en pleurerais de rage. Il ne me reste plus qu'à repartir avec mon sac, mes gâteaux et mes bonbons…

La même scène se répétera toute une année : jamais mon père n'honorera ce rendez-vous auquel il avait prétendu tenir si fort. Je prends conscience, alors, de la perversité dont les adultes sont parfois capables. Mon père a beau avoir insisté pour faire valoir ses droits et engagé des procédures, il n'a en fait aucun désir de voir sa fille. Tout ce qu'il recherche, me semble-t-il alors, c'est de me perturber encore davantage, ainsi que ma grand-mère. J'ai l'impression qu'il n'a qu'une intention : faire de mon enfance un enfer judiciaire. Un objectif qu'il n'est pas loin d'atteindre, hélas. Mais ma vraie déception est ailleurs : je regrette amèrement de n'avoir pu revoir Sébastien. Il me manque tellement…

Pendant toute cette période qui succède à la disparition de mon grand-père et aux manigances judiciaires de mon père biologique, je me sens infiniment triste. Lydie, ma chère grand-mère, est devenue ma seule et unique famille. Heureusement, nous sommes décidées à faire bloc toutes les deux et nous entendons bien nous serrer les coudes. Impossible de m'endormir seule dans cette chambre autrefois partagée avec Sébastien.

*

Puis c'est au tour de ma mère, Patricia, de refaire surface. Descendue à Saint-Tropez, elle nous brosse le tableau de sa nouvelle existence. Elle habite maintenant en région parisienne, avec son nouveau compagnon et Aurore, ma petite sœur. J'écoute ses histoires tout en ruminant et en soupçonnant un mauvais coup du sort. Pourquoi est-elle venue, au fait ? Ne serait-ce pas avec l'intention de me reprendre auprès d'elle ? Ce serait affreux car je n'ai aucune envie de quitter Saint-Tropez, de m'éloigner de Lydie…

Bien sûr, ce que je redoutais ne manque pas de se produire : Patricia demande à repartir avec moi. Légalement, elle est dans son droit. C'est elle qui a la garde, comme on dit…

Lydie est effondrée. Elle a perdu Guy, et maintenant c'est moi qui vais devoir partir ! Abandonner les douceurs de Saint-Tropez pour monter vivre dans la grisaille de la banlieue parisienne, tel est soudain mon triste sort. Je troque la mer, le soleil et la tranquillité pour des tours en béton de… Villepinte !

Au-delà du périphérique, le rideau se lève sur un des chapitres les plus sinistres de ma vie. Et le décor n'est pourtant rien. Car il y a Serge[1], le beau-père. Ce personnage me plonge dans l'effroi. Encore un

1. Le prénom a été modifié.

pervers narcissique ! Contrairement à mon père, il ne se contente pas d'exercer sur son entourage une emprise psychologique : il est physiquement violent. J'ai tôt fait de comprendre qu'il ne m'aime pas et que je représente pour lui une charge supplémentaire, rien de plus.

De la fenêtre de la tour où nous habitons, tout me paraît maussade. Le ciel est sombre. Le béton s'étend à perte de vue. Le bruit est incessant. Les couleurs du Sud me manquent tellement ! J'ai la nostalgie du petit port de Saint-Tropez, des mouettes ricanantes, des parfums de la mer, du soleil… De ma grand-mère, surtout. Je l'imagine toute seule, chez elle. Qu'elle doit être malheureuse ! C'est proprement insupportable.

J'ai treize ans et je n'ai pas d'enfance. Une année entière, j'implore ma mère de quitter Villepinte. Et puis soudain, coup de théâtre : le salaire de Patricia se révélant insuffisant, et mon beau-père étant sans emploi, nous voilà expulsés de l'appartement. Nous déménageons… à Marseille ! Je vais enfin revoir mon Sud adoré. Surtout, je me rapproche de Lydie, ma grand-mère, ma vraie famille, qui me manque si fort.

*

Ma rentrée en sixième se fait au collège du Vieux-Port et j'en suis tout épanouie. Mais il doit être écrit que mon bonheur sera toujours de courte durée car mon beau-père me frappe de plus en plus souvent. Cet homme est pire que tout. Non seulement il me brutalise, mais il m'empêche de voir ma grand-mère ! Je suis obligée d'inventer des ruses pour lui rendre visite et même pour lui téléphoner ! Quand elle me donne de l'argent de poche, je dois le cacher dans des photos encadrées, de crainte que Serge ne me le vole. Je me mets à développer une vie clandestine et vais jusqu'à planquer ma carte téléphonique. C'est bien simple, je ne peux pas me permettre de posséder quoi que ce soit de « négociable »...

Serge vit aux crochets de ma mère, qui gagne notre vie en faisant des ménages. Il lui arrive de passer toute la nuit dehors. Le lendemain, il explique qu'il était au travail, mais que son patron ne l'a pas payé. Jamais un homme n'aura travaillé si souvent de nuit, chez quinze employeurs différents, sans jamais rapporter un centime à la maison !

La chance de sa vie, c'est Patricia : elle travaille dur et gobe tous ses bobards. Mais, à la maison, chaque heure est un enfer. Ma mère en est réduite à quémander des boîtes de conserve aux Restos du cœur. Quant à moi, je fais le commerce de bonbons à l'école. Mais ce n'est pas tout.

Serge, qui regarde énormément de films, a accumulé un grand nombre de cassettes vidéo. Afin qu'il participe au loyer, ou ne serait-ce que pour acheter une baguette, je lui suggère un jour d'aller les revendre au Marché du Soleil. La proposition semble lui agréer. Et nous voilà partis ! Bien sûr, c'est moi qui me charge de la vente : lui se plante dans mon dos et attend, les mains dans les poches. En une matinée, tout est vendu. Je compte la recette : 70 francs. Je suis tellement fière de moi ! Si cela peut paraître modique, c'est tout de même une jolie somme qui nous permettra de manger une semaine. Sauf que Serge n'a plus aucune envie d'investir cette cagnotte dans la vie du foyer. Il décide d'aller la dépenser dans un bar karaoké. La vérité, c'est qu'il ne sait rien faire d'autre que boire, chanter et mentir. C'est à pleurer de rage ! La haine me gagne. Comment peut-on être aussi bête, égoïste et méchant ?

Je commence à comprendre la nature de sa relation avec ma mère : deux êtres immatures ont décidé de se mettre en couple et d'additionner leurs insuffisances. Le résultat de cette opération est calamiteux.

Pourquoi suis-je obligée de vivre chez eux et non auprès de ma grand-mère que j'aime tant et qui, elle, mène une existence normale ?

*

Un jour, avant de sortir faire les courses, ma mère me demande de l'aider au ménage, et notamment à faire son lit. Dès qu'elle est sortie, j'entre dans leur chambre et je commence à ranger. Une minute après, Serge entre à son tour :

— Qu'est-ce que tu fabriques dans notre chambre ?

— Je fais le lit. Ça ne se voit pas ?

Sa réponse est automatique : il me frappe. Je parviens à lui échapper et cours m'enfermer dans ma chambre. Là, je me jette sur mon lit en pleurant. Ce type est fou !

À son retour, ma mère est surprise de constater que j'ai fermé à double tour la porte de ma chambre, et encore plus de me trouver en larmes. Elle me prend par la main et m'entraîne dans le salon où Serge est affalé sur le sofa – son activité favorite.

— Que s'est-il passé ? demande ma mère.

J'explique :

— Tu m'as demandé de faire ta chambre. Il m'a frappée. Je ne veux plus rester dans cette maison !

Je veux retourner chez Mamie ! Je veux aller vivre à Saint-Tropez !

Ma mère l'interroge du regard. Serge, faux comme un jeton, reconnaît les faits et se répand en excuses. Cet hypocrite va jusqu'à écraser une larme de regret. Il n'hésite pas, devant ma mère, à dire qu'il m'aime comme si j'étais sa propre fille.

Cette comédie m'est odieuse. Sentant monter en moi des bouffées de violence envers cet individu abject, je réplique :

— Ne compte pas sur moi pour pardonner !

Et je répète que je veux rentrer à Saint-Tropez chez ma grand-mère, de qui on n'aurait jamais dû m'éloigner.

J'ignore si Serge a bien compris mes paroles. Il continue de pleurnicher et de verser des larmes de crocodile. À croire que c'est lui la victime ! C'est alors que ma mère se tourne vers moi et lâche :

— Tu es méchante, quand même…

Alors ça, c'est le pompon ! Cette fois, je n'y tiens plus. J'attrape ma carte téléphonique et je m'enfuis de la maison pour aller appeler Lydie à qui je m'ouvre de ma détresse. Ma grand-mère n'hésite pas un instant et me répond d'un ton résolu :

— Rentre chez toi, je m'occupe de tout. Ça ne sera pas long.

Quelques heures plus tard, je suis de nouveau chez Patricia et Serge quand on sonne à l'entrée. Ma mère ouvre et se trouve nez à nez avec deux de ses beaux-frères – mes oncles. D'autorité, ils pénètrent dans l'appartement et s'adressent directement à Serge :

— Où est Magali ?

— Dans sa chambre.

— Lydie nous envoie la chercher.

Ma grand-mère a organisé le sauvetage, l'exfiltration de Marseille !

— Qu'elle prépare ses affaires. Elle repart avec nous. Quant à toi, si tu bouges, t'es mort.

Serge en reste pétrifié, impuissant.

J'ai tôt fait de boucler ma valise. Voilà, je suis prête ! Mes oncles proposent à ma mère de l'emmener aussi, avec la petite Aurore, mais elle ne saisit pas la perche et préfère rester avec ce moins-que-rien. Sa réaction, je ne la comprends pas et ne la comprendrai jamais.

*

Quel bonheur de retrouver le chemin des Amoureux ! Quelle joie de me jeter dans les bras de ma merveilleuse grand-mère, cette femme courageuse et protectrice, à qui je dois tout !

Me voilà de retour dans mon cocon, dans ma vraie vie, mon vrai foyer. Je renoue avec tout ce qui m'est familier, avec tout ce que j'aime et en particulier avec mon école, le collège du Moulin-Blanc. Je retrouve aussi mes copines, les jumelles Oriane et Roxanne, Fanny, ma meilleure amie, sans oublier Cyrielle, Coralie et les autres…

À l'école, j'entends être la première. Je fais mes devoirs à la maison et je récolte de bonnes notes sans trop travailler. En fait, ce que je veux, c'est être indépendante, suivre mon instinct sans me soucier des obligations. Si, à peine arrivée à l'école, je préfère retourner auprès de ma grand-mère, j'affirme aux surveillants que je suis malade. Aussitôt, ils appellent Lydie qui leur répond :

— D'accord, je viens la chercher.
Et ça ne m'empêche pas de réussir !

*

Des nouvelles de ma mère nous parviennent l'année suivante. Elles sont mauvaises : Patricia est expulsée de son logement avec son compagnon, et donc avec la petite Aurore. En un mot comme en cent, ils sont tous les trois à la rue. Bien entendu, son premier réflexe est de téléphoner à Saint-Tropez :

— Je peux venir ?

— Toi, oui, répond Lydie. Avec Aurore. Mais Serge, pas question.

Que ce triste sire se débrouille ! Il a fait assez de dégâts…

Au fond, j'ai de l'affection pour ma mère. Je suis même plutôt heureuse de la voir revenir chez nous avec ma demi-sœur. Mais, toutes les quatre, nous commençons à faire un peu appartement à part. Je dors avec ma grand-mère dans sa chambre, tandis que ma mère et Aurore occupent celle où je dormais avec mon frère et où je n'entre jamais. Je ne suis pas spécialement proche de ma mère et de ma sœur, mais je suis contente qu'elles soient là. Je serais même comblée, si seulement Sébastien était là aussi et si mon grand-père était toujours des nôtres. Mais ma vie, alors, ce sont surtout mes copines.

Quant à Serge, il ira s'établir chez une amie de maman qui accepte de l'héberger et, probablement, de l'aider à subvenir à ses besoins. Car il n'a toujours pas l'intention, semble-t-il, de chercher du travail. Voyant approcher l'anniversaire d'Aurore, cette généreuse amie va jusqu'à lui donner 100 francs et une poupée, afin qu'il puisse les offrir à sa fille. Mais ce beau geste est au-dessus de ses forces. La poupée, il ne l'enverra jamais. Et les 100 francs finiront dans sa poche. Sur cet épisode bien digne de lui, Serge disparaît définitivement. J'ignore ce qu'il est devenu et je n'ai jamais cherché à l'apprendre. Je suis trop soulagée qu'il ait disparu du tableau !

*

En attendant des jours meilleurs, je cherche et trouve du réconfort auprès de mes copines de classe. La meilleure d'entre elles s'appelle Fanny. Elle et moi, on se connaît depuis toujours. Je l'aime énormément. Comme une sœur – ou comme ce frère qui me manque tant. Auprès d'elle, je me sens à la fois protégée et consolée, dans ce collège où tout le monde est si bienveillant, où l'imprévu n'a pas de place et où chaque instant de notre vie est parfaitement encadré. Ce climat de sécurité m'apaise et me rend heureuse.

Fanny est une fille sauvage et drôle, toujours prête à faire les quatre cents coups. Ensemble, nous commettons les pires bêtises, comme de mettre de la colle dans les serrures du collège… et sans jamais être punies ! Évidemment, nous profitons pleinement de cette indulgence. Nos bêtises s'arrêtent aux limites de notre imagination. J'ai enfin trouvé une amie aussi folle que moi !

Si l'école ferme les yeux avec mansuétude sur nos incartades, c'est que Fanny est malade. Atteinte de mucoviscidose, elle doit se rendre régulièrement à l'hôpital. Soucieuse de lui être utile pendant ses absences, je me charge de lui prendre ses cours. Souvent, je suis là quand le kiné vient la soigner à domicile. Et, pendant les vacances scolaires, je vais dormir chez elle afin de pouvoir m'occuper d'elle lorsque ses parents sont au travail.

Plus petite que moi, Fanny est affaiblie par cette affection qui touche les voies respiratoires. Elle a le ventre tout rond, la poitrine gonflée et la voix rauque. Mais, mentalement, elle est forte. Bien plus que moi. Si forte que je m'appuie sur elle, moi aussi. Au fond, l'aide que je lui apporte est une façon de ne plus penser à mes problèmes. Moi, je ne suis pas malade et je ne vais pas mourir. Pourtant c'est elle, Fanny, qui passe son temps à me remonter le moral. Elle m'encourage et s'applique à me donner confiance en moi. Je la considère un peu comme ma coach ! Fanny me voit déjà avocate, spécialisée dans les affaires matrimoniales. Il est vrai que c'est mon vœu le plus cher : étudier le droit, réparer les injustices familiales. En somme, elle me tire vers le haut : exactement ce dont j'ai besoin.

Mais, un jour, le téléphone sonne à la maison. C'est ma mère qui décroche et je l'entends dire à voix basse :

— C'est affreux ! Je ne sais pas si je pourrai le lui dire…

Je vois bien que c'est de moi qu'elle parle. Qu'y a-t-il donc qu'elle ne puisse me dire ? J'ai une bouffée d'angoisse. Je la rejoins et je demande :

— Que se passe-t-il ?

— C'est Patrick…

Le père de Fanny.

— Passe-le-moi, s'il te plaît.

D'une voix noyée de larmes, Patrick me dit :

— Fanny est partie.

Je sens que mes jambes me trahissent. Mourir à seize ans ! Elle n'est pas morte, elle ne peut pas être morte… On ne meurt pas quand on s'appelle Fanny et qu'on est mon amie.

Et pourtant, si. Fanny n'a pas trouvé en elle la force de résister à cette maladie qui l'a étouffée peu à peu, comme le lierre étouffe les jeunes arbres.

La douleur me serre le ventre. Je m'effondre, déchirée par la violence et l'injustice de la vie. Je me sens si seule à nouveau. Je ne m'en remettrai jamais.

La mort de la jolie Fanny achève de me froisser le cœur.

2

PREMIERS PAS

La disparition de ma meilleure amie m'a anéantie. Heureusement, j'aime le lycée du Golfe. Je m'y sens parfaitement à l'aise et à ma place. Les élèves viennent de toute la Côte d'Azur – Cogolin, Fréjus, Ramatuelle, Saint-Maxime ou encore Cavalaire – et il y règne une atmosphère agréable, presque familiale.

Mme Luporini, qui enseigne la « gestion/administration », a décidé de me prendre en main et de m'aider à surmonter mes difficultés, ce qui représente pour moi une chance extraordinaire. Elle devient une grande amie, le pilier sur lequel je m'appuie pour accomplir les efforts nécessaires.

Dans notre classe, on a coutume d'organiser une fête pour l'anniversaire des élèves. Elle a lieu le vendredi après-midi et dure deux heures. Chacun est convié à faire honneur aux gâteaux, aux bonbons, aux sodas. Portée par cet esprit festif, je décide un jour d'organiser moi-même un grand loto-bingo. Je suis alors élève de première. Je fais le tour des boutiques proches du lycée pour amasser des cadeaux. Étonnamment, j'effectue déjà à une petite échelle ce que je ferai dans quelques années avec Shauna Events. La soirée est un tel succès que j'ai les honneurs du journal *Var-Matin*, dont le titre : « Un exemple à suivre ! » est pour moi un encouragement. On peut rencontrer de lourdes difficultés familiales et tracer néanmoins son chemin dans la société !

Portée par cette réussite – et par Mme Luporini qui continue de veiller sur mon sort avec bienveillance –, j'achève ma classe de première avec succès. Ma terminale se déroule au mieux et je deviens bachelière avec 14,8 de moyenne et la mention Bien.

*

L'année suivante, je m'inscris à la faculté de droit d'Aix-en-Provence. Contrairement à la plupart des étudiants qui m'entourent, je connais le monde du travail. En effet, après la mort de mon grand-père, Lydie, contrainte de subsister avec un très faible revenu, m'a incitée à chercher de petits boulots pour gagner de l'argent de poche. C'est ainsi que j'ai travaillé à Saint-Tropez dès l'âge de quatorze ans, d'abord le week-end dans un vidéo-club, puis dans la boutique de vêtements de Chantal Blint, un rendez-vous bien connu des fashionistas de Saint-Trop. C'est d'ailleurs elle, Chantal, qui m'a enseigné les rudiments de la vente et du commerce.

Dès mes débuts à Aix, je m'aperçois que mon style et ma façon de penser m'éloignent des autres étudiants. La faculté de droit accueille essentiellement des jeunes issus des milieux aisés de la Côte d'Azur. Je me sens un peu déplacée en leur compagnie, moi qui ai grandi dans une famille modeste, forcée d'affronter d'importantes difficultés.

De plus, Saint-Tropez et ma grand-mère me manquent. Depuis toujours, dès que je m'éloigne d'elle, je me sens anxieuse, je suis déstabilisée. Loin d'être une étudiante épanouie, je suis tantôt boulimique, tantôt anorexique. J'attends avec une impatience frénétique la fin de la semaine, l'heure de pouvoir rentrer à Saint-Tropez et de fréquenter Les Caves du Roi, célèbre night-club où l'on danse toute la nuit sur les tables, au rythme des musiques électro.

La jeune femme que je suis alors adore s'amuser. Toutefois, j'évite les excès auxquels on peut facilement se laisser entraîner entre les palmiers lumineux de ce club très prisé... L'alcool, la cigarette et les substances illicites, ce n'est vraiment pas mon truc ! Tout ce que je cherche, c'est à me défouler pour m'oublier dans une grisante euphorie. Les nuits de Saint-Tropez n'ont bientôt plus aucun secret pour moi.

*

Je fais la fête, je danse comme une folle, mais je travaille aussi. Le week-end et l'été, j'ai un emploi dans la boutique d'une très belle femme, mon amie Nathalie. Elle a dix ans de plus que moi et son commerce de bijoux fantaisie est très couru à Saint-Tropez. En fait, nous sommes très liées. J'ai toujours eu besoin de repères, de points d'ancrage. Gagner de l'argent en travaillant avec elle m'aide à me sentir en sécurité. Avec Marie et Leïla, nous vendons à tour de bras. Il est rare que nous baissions le rideau avant minuit ou une heure. Ensuite, direction Les Caves ! Je rentre généralement à la maison à 6 heures du matin, à pied, sans jamais faire de mauvaises rencontres. Bien au contraire ! Saint-Tropez est un village où l'on peut croiser le monde entier – Américains, Mexicains, Argentins… C'est tout simplement magique, et très enrichissant ! Mais à 9 heures, je suis debout et à pied d'œuvre pour ouvrir la boutique et accueillir les premières clientes !

*

À la fac de droit, l'atmosphère est déplorable. Je ne m'entends pas avec ces étudiants snobs, méchants, arrogants. Ce n'est pas la première fois que je me trouve en présence de gens riches ! À Saint-Tropez aussi, ma route a croisé celle de personnes qui avaient de l'argent, beaucoup d'argent parfois. Mais leur fortune ne les empêchait pas de faire preuve d'élégance, de délicatesse, de raffinement ! À Aix, les juristes fils-à-papa daignent seulement s'intéresser à moi quand je leur dis que je suis de Saint-Trop ! Citer cette ville est un vrai passeport. Aussitôt, les autres s'imaginent que je suis « friquée ». Ils daignent alors m'accorder leur estime et leur sympathie. Sauf que je ne suis pas friquée. Contrairement à eux, j'ai commencé à travailler à quatorze ans pour avoir de quoi payer mes fournitures scolaires et mes vêtements.

Moi qui aime les relations franches et simples, les qualités humaines plus que l'apparence et la frime grossière, je suis servie ! Et pourtant, le droit me passionne. Mais j'en ai tellement marre de cette atmosphère que je quitte la fac pour aller m'inscrire *in extremis* en DUT de gestion administrative. Cette discipline devrait approfondir ce que m'a enseigné Mme Luporini, ma prof préférée au lycée du Golfe.

Mais, en DUT, je me montre instable. Je ne tarde pas à m'apercevoir qu'en réalité la gestion administrative m'ennuie à mourir. Je sèche systématiquement les cours et je me sens malheureuse, incapable de trouver ma place. Je n'aurais pourtant aucun mal à suivre les enseignements, mais tout me rebute. Et je ne cesse d'angoisser pour mon avenir, d'autant que la gestion n'est pas tout à fait ma tasse de thé. Pour tout dire, je déprime carrément, si loin de Saint-Tropez et de ma zone de confort. Peut-être ne suis-je pas faite pour les études universitaires ? Autant de questions que je me pose sans jamais voir briller la moindre réponse…

*

J'ai retrouvé à Aix une amie d'enfance. Inscrite à la fac de lettres, Cyrielle est une étudiante sérieuse. Assidue aux cours, elle lit et va travailler en bibliothèque. En fait, nous ne nous voyons pas souvent. Pourtant, l'idée de la savoir à Aix me rassure.

Un jour que nous prenons un verre au parc Jourdan, elle m'annonce sa décision d'aller poursuivre ses études à Nice. Je me sens tout à coup plus seule et abandonnée que jamais. Je revis sous forme de cauchemar les déchirements de mon enfance : mon père qui nous arrache à ma grand-mère pour nous garder à Lyon, Sébastien qui disparaît de ma vie, ma mère toujours absente, toujours loin… C'est alors qu'une idée me traverse l'esprit. À Cyrielle, qui est déjà en train de faire ses valises, je lance soudain :

— Et si on partait ensemble ?

Nice est une ville qui m'a toujours attirée et qui présente l'avantage de n'être pas très éloignée de Saint-Tropez.

— D'accord ! dit Cyrielle.

Et nous nous claquons dans les mains !

Dès le lendemain, c'est le grand départ. Je me sens enfin heureuse, comme délivrée d'Aix-en-Provence et de ses pesanteurs.

À Nice, Cyrielle fréquente la fac de Sophia Antipolis et multiplie les rendez-vous. Pendant ce temps, je me balade en ville, je découvre ou redécouvre les vieux quartiers, je fais un peu de lèche-vitrines. Tout en flânant, je m'arrête un après-midi devant une boutique à l'enseigne de Windy, la plus belle de la zone piétonne, dont la vitrine affiche des logos de grandes marques : Roberto Cavalli, Gianni Versace, etc. Sur la porte, on a collé une annonce : « Recherche vendeuse. »

La femme courtoise, très élégante, qui m'accueille doit avoir dans les soixante-dix ans. Elle me demande d'où je viens. Je lui parle de Saint-Tropez et de mon expérience auprès de Nathalie, cette amie qui tient un commerce de bijoux fantaisie.

— À Saint-Tropez, dis-je, tout le monde connaît sa boutique car elle est très tendance.

— Vous me semblez bien jeune pour avoir déjà une expérience de vendeuse.

— C'était pour payer mes études.

— Je comprends, dit-elle, intéressée.

Elle se présente : Madeleine.

— Moi, dis-je, c'est Magali.

Je l'interroge à mon tour sur le salaire, les horaires, les jours de repos et les pourcentages. Elle reprend :

— Quelles étaient vos conditions chez Nathalie ?

— Neuf mille francs, dis-je. Plus un pour cent sur les ventes. Et un jour de congé.

J'avoue que ce généreux jour de congé est un petit mensonge. À Saint-Tropez, le mot « congé » ne fait pas partie du vocabulaire courant. Personne ne sait ce qu'il veut dire !

— Je vous donne la même chose, Magali. Ça irait ?

— C'est d'accord.

Le soir même, j'annonce la bonne nouvelle à Cyrielle, puis je préviens Lydie, et enfin je téléphone à mon cousin Lionel, qui vit à Monaco et dont je sais qu'il a acheté récemment un appartement à Nice.

— J'ai un boulot, lui dis-je, non sans fierté. Tu me louerais ton appart ?

— Sans problème, cousine.

En l'espace de quelques heures, j'ai jeté les fondations d'une existence nouvelle. Cyrielle n'en revient pas :

— Toi alors !

Chez Windy, Madeleine travaille avec Catherine, sa fille, et toutes deux semblent résolues à me prendre gentiment sous leur aile. Elles ont un coup de cœur pour moi, ce qui facilite les échanges et la complicité. Toutes les conditions sont réunies pour que je m'implique dans la vente, et je puis dire sans me vanter que je ne tarde pas à montrer les talents d'une excellente vendeuse. Il est vrai que j'aime être la meilleure dans ma partie. C'est pourquoi je n'hésite jamais à faire du zèle, à la grande satisfaction de Madeleine et Catherine.

Cette expérience très formatrice, auprès d'une femme exceptionnelle, m'a beaucoup appris. Madeleine était à cheval sur la discipline, le professionnalisme et le service, mais elle était aussi très bienveillante. Au magasin, il n'était pas question de s'asseoir ou de consulter son smartphone : le travail était sacré car, si tout travail mérite salaire, tout salaire induit des obligations. C'est une leçon que je n'ai jamais oubliée et que j'essaie de transmettre.

Malgré tout, les études de droit continuent de me tenter. En plus de mon travail chez Windy, je m'inscris pour suivre des cours par correspondance.

*

De passage à Nice, une amie d'Aix, une ex-collègue de la fac de droit, souhaite me présenter son petit ami, lequel a lui-même une flopée d'amis. Nous voilà douze à table dans un restaurant du centre. Tous les convives, garçons et filles, sont des jeunes gens qui se connaissent bien, fréquentent les mêmes universités et ont les mêmes activités sportives. À part mon amie aixoise, je ne connais personne. Et toutes les filles préfèrent discuter entre elles, plutôt que de s'intéresser à moi. Résultat, je m'ennuie ferme et je me sens invisible. Même l'amie qui tenait tant à me présenter son nouveau copain est quasi inaccessible. J'ai l'impression de dîner toute seule ! Sans attendre le dessert, je m'apprête à me lever et à partir. Pourquoi perdre mon temps ? Mais le verre que j'allais vider reste suspendu entre mes lèvres et la nappe à carreaux.

Un homme brun aux yeux verts vient de pousser la porte du restaurant. Il est si beau qu'il attire immédiatement mes regards – et pas seulement les miens. Le nouveau venu se dirige tout droit vers notre compagnie et s'assied à l'autre bout de la table. Je comprends qu'il est le frère d'une des filles. Ayant le plus grand mal à le quitter des yeux, je décide de rester encore un peu et de prendre un dessert. Comme par miracle, la soirée devient tout à coup intéressante ! En tout cas, j'ai complètement cessé de m'ennuyer. Je rouvre le menu et je lis: «Fondue au chocolat pour deux personnes.» Je referme la carte, je me lève et je rejoins le beau brun aux yeux verts.

— Tu partagerais une fondue avec moi? dis-je en me penchant vers lui. Ils la font pour deux personnes.

Il lève les yeux, tire une chaise, m'invite à m'asseoir.

— Magali.

— Samuel. Samuel Berdah.

Ce Samuel a l'air de tomber dans ma vie comme une évidence. Et si c'était lui?

La fondue au chocolat ne tarde pas à arriver: elle crée un univers à nous. Samuel n'est guère bavard. Je sens un homme timide, voire sauvage, qui a grand besoin d'être apprivoisé…

Le lendemain, à la boutique, la conversation part sur ma rencontre de la veille au restaurant. Catherine me demande son nom. Je réponds qu'il s'appelle Samuel Berdah. Elle s'exclame:

— Mais c'est un copain de mon fils!

Ils étaient à l'école ensemble. Décidément, le monde est tout petit sur la Côte d'Azur…

*

Enfin, l'appartement de mon cousin est prêt: je peux m'y installer. Je trouve merveilleux d'avoir un job où tout se passe bien, d'être financièrement indépendante et d'avoir un chez-moi.

Très vite, l'envie me prend d'organiser une pendaison de crémaillère. D'autant que ce sera bientôt Mimouna, la fête qui conclut Pessah, la Pâque juive. Oubliant qu'elles m'ont battu froid pendant toute une soirée, je rappelle mon amie du dîner et ses copines. Mon objectif principal, bien sûr, est d'attirer chez moi le beau Samuel. Certes, en ouvrant ma porte à tous ces gens, je cours le risque de trouver le lendemain des brûlures de mégot sur la moquette toute neuve. Mais tout a un prix et je ne pense plus qu'à une chose : me replonger dans l'immense regard vert de cet homme si séduisant.

Je ne serai pas déçue.

Au cours de cette soirée, un coup de foudre s'est produit qui débouchera sur une histoire d'amour.

*

Samuel est mon exact opposé : autant j'aime rire à gorge déployée et me montre souvent exubérante, autant jamais je ne l'ai vu se départir de son calme. Sa sérénité, qui n'est pas le moindre de ses charmes, m'a apporté l'équilibre dont j'avais besoin.

Il habite avec ses parents à Juan-les-Pins, travaille comme carrossier dans le garage de son père. Et il est actif dans la communauté juive de sa ville. Moi qui ai toujours été, partout où j'allais, la seule petite juive, l'expression même de « communauté juive » me fait rêver. J'imagine qu'une grande famille m'attend enfin, une famille qui ne sait rien de moi et s'impatiente déjà de faire ma connaissance. Cette perspective me rend folle de joie et d'excitation. Découvrir la famille de mon amoureux ! Mieux, découvrir une vraie famille : des parents toujours ensemble, des frères, des sœurs…

La réalité, cependant, est moins parfaite. Samuel a vingt-deux ans, mais il est obligé de faire le mur pour venir passer la nuit avec moi. Et il met le réveil à 4 heures du matin car tout le monde, chez lui, doit croire qu'il a bien dormi à la maison. Il faut que son père le trouve dans sa chambre chaque matin.

Ces précautions m'échappent un peu, mais je les juge plutôt attendrissantes, même si je préférerais ne pas être réveillée avant le petit jour par son réveil : il n'est pas agréable de voir son amoureux s'éclipser en pleine nuit pour rentrer chez papa et maman !

Je découvre bientôt que la famille de Samuel est, de mon point de vue, pratiquante. On y respecte à la lettre les prescriptions religieuses. Je ne suis pas du tout habituée à cet état d'esprit : chez mes grands-parents, nous passions shabbat devant la télévision. Plus grande, quand je me préparais pour aller danser aux Caves du Roi, ma grand-mère n'hésitait pas à me rejoindre dans la salle de bains et à me dire :

— Tiens-toi droite, Magali ! Prends soin de toi. Maquille-toi. Et mets donc ton décolleté en valeur.

Ma grand-mère a connu la guerre. D'après elle, je dois profiter de la vie comme si chaque jour était le dernier.

Elle ajoutait, fière de moi :

— Tu es si belle, ma fille ! Une femme doit se mettre en valeur. Amuse-toi !

Chez les Berdah, c'est le contraire ; la vie y est à l'opposé de toutes mes habitudes. Moi qui suis plutôt exubérante, je ne demande pourtant qu'à me projeter dans cette famille traditionnaliste mais très soudée, dont la solidité m'émerveille. Seulement voilà, le nom de mon père a une consonance bien française et mes parents ne se sont pas mariés à la synagogue. Aussi les parents de Samuel, pour en avoir le cœur net, entendent-ils s'assurer de ma judéité en me réclamant un certificat !

Je tombe des nues. Puis j'explique que ma grand-mère s'est mariée dans une synagogue à Lyon, que la synagogue a été bombardée pendant la guerre et que les archives ont été détruites. Impossible de se procurer la précieuse *ketouba* ! Par bonheur, avec l'aide de Lydie, je parviens à mettre la main sur des papiers attestant la judéité de sa sœur, ma grand-tante. Si la sœur est juive, Lydie est juive aussi. Si Lydie est juive, ma mère est juive. Et si sa mère est juive, je le suis également.

L'affaire semble résolue ; même si, aujourd'hui, je comprends leur démarche, cette exigence de leur part m'a blessée. Savent-ils qu'un certain nombre de mes ancêtres, déportés pendant la guerre, ne sont jamais revenus des camps ? Malgré cette atmosphère de méfiance, notre couple tient bon, preuve que notre relation est sérieuse, à l'épreuve des difficultés. Deux ans et demi plus tard, comme il fallait s'y attendre, j'attends un enfant. Bien sûr, je me hâte de prévenir Samuel. Cette nouvelle le réjouit, mais elle le plonge dans le désarroi. Comment va-t-il l'annoncer à son père ? Entre eux, la communication n'est pas facile.

— Je ne peux pas, me dit-il. Je ne pourrai jamais leur faire ça.

— Alors c'est moi qui vais le faire.

Rassemblant mon courage, je décroche le téléphone et j'appelle sa mère. Du moment que je peux me rendre utile ! Tandis que la communication s'établit, je me demande comment va réagir Mme Berdah.

La sonnerie retentit. Je prends ma respiration. Et je me jette à l'eau…

Mme Berdah réagit avec le calme le plus glacial :

— Écoutez, Magali. Vous n'êtes pas mariés. Si vous gardez ce bébé, mon mari n'adressera plus la parole à Samuel avant vingt ans. Vous allez briser une famille.

Je n'ai pourtant pas choisi d'être enceinte, il ne s'agit pas d'une ruse ! Samuel m'aime, cette réalité aussi est indéniable. Mais, n'ayant pour ainsi dire pas de père, je ne veux pas être responsable d'une brouille entre Samuel et le sien.

L'avortement, décidé de mon plein gré, me laissera effondrée, accablée de peine et de ressentiment. Quant à Samuel, encore un tout jeune homme, il est anéanti. Moi aussi, je suis croyante, même si je suis peu pratiquante – voire pas du tout. Mais je refuse le rigorisme.

Ma belle-mère n'a pas saisi, me semble-t-il, la gravité de ce qui vient d'arriver ; ayant moi-même subi de nombreux déchirements, jamais je n'aurais été capable de provoquer sciemment une telle cassure entre Samuel et ses parents. Nos relations s'en sont dès lors trouvées compliquées.

Quand je pense qu'il n'a même pas le droit de venir dormir chez son amoureuse ! Nous nous aimons, mais ses parents me regardent d'un mauvais œil – moi, la fille de Saint-Trop, la fêtarde indisciplinée qui vit à cent à l'heure… Je reconnais que, du point de vue d'une famille normale, ma vie peut sembler bien tumultueuse.

Le problème, c'est que notre amour ne cesse de grandir. Notre relation est devenue intense. La nouvelle est bientôt annoncée : nous avons décidé de nous marier. Envers et contre tout, nous tiendrons bon.

Le mariage aura lieu en 2006, trois ans après notre rencontre. Le jour de mon mariage, je m'effondre en larmes, mélange d'émotion, d'appréhension et de nervosité.

Deux mois plus tard, je suis de nouveau enceinte. C'est la plus belle chose de ma vie, j'en suis euphorique. J'ai l'impression d'un tournant, d'un espoir. Moi qui ai tellement manqué d'amour, je vais pouvoir en donner et en recevoir à volonté !

*

Côté travail, après deux saisons chez Windy, il est temps pour moi de décrocher un emploi à plein temps et à l'année. D'autant que j'ai aussi derrière moi, désormais, deux années de cours de droit par correspondance.

Passant devant le kiosque, j'achète *Nice-Matin* sans savoir que ma vie, ce jour-là, est sur le point de changer.

3

ASSURANCES POUR L'AVENIR

Une offre d'emploi a attiré mon attention: « Recherche courtier en assurances. Salaire: 2 600 euros par mois. »

Aucune expérience dans ce domaine n'est exigée. Des formations sont prévues pour les nouveaux arrivants. Aussitôt, j'appelle pour prendre rendez-vous. Un homme décroche :

— Quand pourriez-vous venir vous présenter ?

— Aujourd'hui même.

— Quatorze heures ?

— D'accord.

La société s'appelle JMS Assurances. Mon interlocuteur, Pierre M., en est le patron. Il a les cheveux blancs et présente une ressemblance certaine avec Richard Gere.

— Savez-vous en quoi consiste notre métier ? me demande-t-il.

Je n'en ai pas la moindre idée et le lui avoue tout de go. À tort ou à raison, j'estime que, dans ces cas-là, mieux vaut jouer la franchise.

— Vous devez au moins savoir, j'imagine, ce qu'est une mutuelle ? reprend Pierre M. C'est ce que nous faisons : nous vendons des mutuelles…

Je l'arrête tout de suite :

— Excusez-moi, je ne sais pas non plus ce qu'est une mutuelle. Mais il est précisé dans l'annonce qu'une formation est prévue. Vous me formerez. Comme ça, je saurai.

Cette fois, Pierre M. est vraiment décontenancé. Il a l'impression d'avoir affaire à une extraterrestre. Je m'empresse de lui donner une précision importante :

— J'apprends vite.

Mais sa réaction est sans surprise :

— On vous rappellera.

*

Marchant dans la rue, je repense à notre bref entretien et me reproche mon attitude. J'aurais dû faire comme tout le monde : mentir, faire semblant de savoir. N'aurais-je pas mieux fait de m'inventer un curriculum, au lieu de miser sur la franchise ? Être sincère, en pareille circonstance, n'est-ce pas se montrer naïve ? N'est-ce pas simplement de la sottise ?

Je passe le reste de l'après-midi à méditer mon échec. La nuit, je dors mal. Je ne sais pourquoi, cet emploi auquel je ne connais rien m'attire. Peut-être est-ce l'idée d'apprendre qui me séduit, ou la perspective de voir s'ouvrir un nouvel horizon. En tout cas, je tourne et me retourne dans mon lit, certaine que Pierre M. ne me rappellera pas, contrairement à sa promesse.

Finalement, je décide de le rappeler moi-même et de jouer le tout pour le tout :

— Alors, je l'ai, ce poste ?

Au téléphone, Pierre M. semble encore plus surpris que durant l'entretien. Mais sa réaction demeure invariable :

— On vous rappelle.

Bien résolue à mener l'offensive jusqu'au bout, je lui téléphone tous les jours suivants. À la fin de la semaine, de guerre lasse, il lance comme pour en finir :

— Venez lundi, il y a une réunion avec les commerciaux.

Je passe un bon week-end : l'espoir renaît. Et, le lundi, j'assiste à une réunion de deux heures à laquelle je ne comprends strictement rien. Ces gens s'expriment dans une langue qui m'est étrangère. Cependant, au moment de lever la séance, une proposition m'est faite :

— On va t'envoyer en stand à l'essai.

En stand… Que signifie cette expression ? Décidément, je suis hermétique à leur vocabulaire. Je demande qu'on m'explique. Cette agence, m'explique-t-on, a l'habitude de dresser des stands dans des centres commerciaux. Il s'agit d'une technique de vente. Le « stand » permet d'appâter les clients potentiels. Une fois la discussion engagée, le job consiste à persuader la personne de changer de mutuelle. Puis le nom de cette personne, ainsi que ses coordonnées, sont copiés sur des « coupons ». À la fin de la journée, tous les commerciaux ont rendez-vous à l'agence et les agents font le compte de leurs coupons… Je commence enfin à comprendre.

Je ferai mon premier stand en binôme avec une fille prénommée Sandrine. Elle est grande, svelte, à l'aise dans son tailleur et sur ses hauts talons. Sans jeu de mots, elle est pleine d'assurance. Et elle travaille si efficacement qu'au bout de deux heures de cette collaboration je n'ai plus qu'un désir dans la vie : devenir moi aussi une Sandrine !

Des semaines durant, cette commerciale hors pair se charge de m'apprendre le métier de courtier. Elle doit être bonne enseignante car, sous son influence, je commence à bien me débrouiller. Mes progrès sont même spectaculaires ! Au bout de quelque temps, je me retrouve en tête sur le tableau des agents. Et mon salaire suit : d'abord 1 500 euros, puis 2 500, puis 4 500… C'est pour moi un grand bonheur : comme je l'ai déjà dit, j'adore être la première. Bientôt, c'est à moi que reviendra la responsabilité de former les jeunes commerciaux débutants. Je n'en reviens pas. En quelques mois, j'atteins le salaire d'un ingénieur. C'est presque trop beau pour être vrai. J'attends avec angoisse le revers de fortune qui mettra fin à cette ascension, tant il est vrai que les arbres ne montent pas jusqu'au ciel. C'est ainsi, je suis superstitieuse…

De plus, Sandrine est devenue une amie.

*

Le métier ne consiste pas seulement à tenir un stand. Il implique de nombreux déplacements. Il faut faire du porte-à-porte, entrer chez les gens, parler avec eux, les convaincre et obtenir qu'ils apposent leur précieuse signature au bas des nouveaux contrats. Et les immeubles de Nice ne sont pas tous équipés d'ascenseurs !

Or j'attends un enfant. Je commence même à avoir des contractions. Chaque matin, une infirmière vient me faire une piqûre pour les arrêter. D'après l'échographie, c'est un garçon. J'ai déjà tout repeint en bleu. J'ai acheté des bodies pour le bébé, ainsi que des jouets adaptés à son sexe. Mais, coup de théâtre : à sept mois de grossesse, le médecin nous annonce… que ce sera une fille !

Changement de décor dans l'urgence ! Et dans la difficulté : étant autoentrepreneur, je n'ai droit à aucun congé maternité. C'est néanmoins dans une atmosphère de bonheur que Shauna, notre poupée aux yeux bleus, verra le jour le 25 septembre 2007. Pour trois années encore, Samuel et moi partageons notre petit deux-pièces avec Shauna, qui dort près de nous.

*

Sandrine, la directrice commerciale, affiche depuis quelque temps une attitude qui m'inquiète. Son caractère est en dents de scie. Très gaie et très joviale, il lui arrive de se mettre soudain à crier et à s'emporter contre tout et tout le monde. Cette situation déplaisante provoque en moi un déclic et m'amène à réfléchir. Je commence à me demander si l'expérience ne touche pas à sa fin. J'ai plus ou moins le sentiment d'avoir fait le tour de la question. Et je me sens des fourmis dans les jambes. Pourquoi ne pas bouger ? Me tourner vers d'autres horizons ? Et pourquoi, au fond, ne pas envisager d'ouvrir ma propre agence ? J'ai un furieux besoin d'autonomie.

Je décide de partager mes interrogations avec Sandrine et Pierre.

— Vous m'avez tout appris, leur dis-je. Mais j'ai besoin d'évoluer ! Je suis la meilleure, pas vrai ? Si je décidais de monter une agence à moi, seriez-vous prêts à m'aider ?

La réponse est un « oui » peu enthousiaste. J'ai du mal à comprendre pourquoi. Sandrine et Pierre m'ont tout appris, dans les règles de l'art et le respect du client. Peut-être ont-ils du mal à me laisser prendre mon envol… J'ai remarqué plus d'une fois que les gens entreprenants peuvent susciter de la méfiance, voire de l'hostilité. Sandrine et Pierre, au lieu de me soutenir, ne vont-ils pas me mettre des bâtons dans les roues ?

Ils m'offrent de m'installer dans un petit local. Mais le lieu n'est pas équipé : il n'y a ni bureau ni téléphone ! Tout est à faire. Je proteste auprès de Pierre, qui finit par me dire son vrai sentiment : il n'a aucune envie de me voir développer une entreprise concurrente. De toute façon – et Sandrine partage son avis –, mon entreprise est vouée à l'échec. Ce genre de travail exige une dynamique d'équipe. En me lançant toute seule, je risque de me laisser déborder, puis asphyxier.

— Crois-en mon expérience, me dit-il, tu ferais mieux de renoncer.

La discussion dure des heures. À la fin, je me rends à ses arguments et décide de rester chez JMS.

Quelques semaines après cet épisode, j'en discute avec David, un cousin de Samuel. Lui aussi est courtier, mais il travaille à Paris et dans la finance. Son job consiste à vendre des contrats d'épargne. Il opère sous la responsabilité d'un boss, Julien[1], qui du reste cherche de nouvelles recrues.

— Veux-tu que je lui parle de toi ? me demande David.

— Pourquoi pas ?

L'histoire du local minuscule m'est restée en travers de la gorge et, si j'ai accepté de rester chez JMS, je n'ai pas renoncé pour autant à caresser de nouvelles ambitions.

1. Le prénom a été modifié.

Cependant une objection se présente à mes lèvres :

— Tu sais, David, la finance… je n'y connais rien.

— Julien veut développer son activité en y intégrant de la mutuelle, comme il dit. Et la mutuelle, ça te connaît, non ? Ou alors j'ai mal compris…

— Tu as très bien compris, David. Je pense même avoir atteint un certain niveau de compétence. Je ne tiens pas à me retrouver au bas de l'échelle sous prétexte de changer de boîte.

David me rassure : il parlera de moi à Julien, sans omettre de lui expliquer la situation.

En effet, je reçois bientôt un appel du Julien en question. Il me confirme qu'il est à la tête d'un cabinet spécialisé dans la finance. Il vend, me dit-il, des contrats d'épargne et de l'assurance-vie. Julien reprend :

— Pourrais-je vous rencontrer ?

— Voyons-nous sur la Côte d'Azur, ce sera plus simple.

Rendez-vous est fixé sous le soleil de Cannes.

Julien est un homme au bagout incroyable, un concentré de dynamisme et d'enthousiasme. Le vendeur de rêve ! Tout ce que Sandrine et Pierre m'ont refusé, il l'accepte avec joie. J'aurai mon propre cabinet. De simple commercial, je deviens directement courtier, à seulement vingt-sept ans. Je serai chargée de lui apprendre, à lui, le fonctionnement de l'univers mutualiste. Je suis transportée d'enthousiasme :

— Tu peux considérer que je suis des vôtres.

— J'en suis très heureux, Magali. Buvons à notre avenir commun !

Nous levons nos verres pour trinquer à notre réussite. Je n'oublie pas, cependant, que Sandrine et Pierre m'ont tout enseigné de ce métier. Les stands, la prospection, le porte-à-porte… À leur école, j'ai appris à me présenter, à avoir confiance en moi, j'ai écumé tous les quartiers de Nice, grimpé des centaines d'escaliers et acquis un bagout que je ne me connaissais pas. Cette expérience me sera utile tout au long de ma vie.

4

L'ENFER

La première chose que je demande à Julien, c'est de pouvoir ouvrir mon cabinet à Juan-les-Pins, où nous habitons désormais avec Samuel et notre petite Shauna. Mais ce n'est pas la seule explication qui motive ce déplacement. J'estime tout aussi important de ne pas faire de concurrence directe à Pierre et Sandrine, qui m'ont tout appris du métier.

Mon cabinet n'est pas installé depuis trois mois que j'attends un deuxième enfant. On ne peut pas dire que Julien soit transporté de joie à cette nouvelle.

Pour m'accompagner dans cette aventure, j'ai engagé une fille formidable, débordante d'énergie, avec qui je travaillais chez JMS. Sandra[1] est devenue chez moi commerciale, alors qu'elle était mon assistante chez Pierre et Sandrine. En ce qui me concerne, je suis très excitée de me sentir dans la peau d'une manager. Cette fois, j'en suis sûre : je suis faite pour ce rôle.

Mais les ennuis ne tardent pas à se présenter, et sous une forme que je n'aurais pas soupçonnée. Je

---

1. Le prénom a été modifié.

travaille à Juan depuis six mois à peine lorsque Julien débarque dans mon bureau et me fait part de son nouveau projet : quitter Paris et ouvrir un cabinet à Nice.

— Un cabinet financier, Julien ?

— Non. Je veux faire de la mutuelle, moi aussi. Il y a plein d'argent à gagner dans cette branche.

L'attitude de Julien me paraît franchement déplacée. Ouvrir à Nice un cabinet pour « faire de la mutuelle », alors que j'en fais moi-même à moins de trente kilomètres de là ! Sans oublier que Sandrine et Pierre occupent déjà le terrain niçois : moi qui leur avais promis de travailler main dans la main, me voilà soudain en porte-à-faux… J'en reste estomaquée. Mais je m'en tiens à une réaction prudente :

— Écoute, je ne tiens pas à leur faire de la concurrence…

Mais la décision de Julien est prise et mes scrupules le laissent indifférent. Et dans l'agence qu'il ouvrira bientôt à Nice, dix fois plus importante que la mienne, il fait venir de Paris de nombreux commerciaux formés aux métiers de la finance. Il cherche à faire main basse sur le marché et me met en difficulté.

Pendant ce temps, à Juan-les-Pins, je me morfonds dans mon petit bureau où les problèmes s'entassent sans trouver de solution. L'un de ces problèmes, ce sont mes revenus. Tout compte fait, je m'aperçois que je suis moins bien payée ici que je ne l'étais lorsque j'étais commerciale chez Pierre et Sandrine. En fait de promotion, c'est réussi ! Quelque chose, manifestement, n'a pas fonctionné.

Ces soucis professionnels finissent par contaminer toutes mes journées, au point que je ne sais plus trop où donner de la tête. Je suis désorientée, dévorée par mille questions qui demeurent sans réponse. Il ne s'agit pas tant de mes problèmes d'argent que du mystère de ma vie chaotique. Je ne cesse de passer par des hauts et des bas, sans que je comprenne pourquoi. Cela m'épuise et j'aimerais savoir à quoi riment ces montagnes russes. Une amie, à qui je confie mes interrogations, me conseille de m'orienter vers la spiritualité. Elle-même y a recours quand son existence bat de l'aile. Dans le fil de la discussion, elle me parle d'un *rva* de sa connaissance, dont les conseils lui ont été utiles et profitables.

— Un *rav* ? Qu'est-ce que c'est que ça, un *rav* ?

— C'est un guide religieux. Un peu comme un rabbin, si tu veux.

— Et il s'appelle comment, ton *rav* ?

— Eli. Le *rav* Eli. Il est très éclairé, tu verras. Il t'expliquera pourquoi ta vie est ainsi faite.

Désemparée, je prends cet échange comme un signe du destin, une sorte de poteau indicateur marquant une direction possible, et j'accepte de demander rendez-vous au *rav* Eli.

*

Le *rav* me reçoit dans son bureau mystérieux, parmi les livres rabbiniques et les menorahs. Je lui brosse un tableau de ma famille chaotique : la séparation de mes parents, la disparition de maman, l'enlèvement à Lyon, mon frère Sébastien que je ne vois plus, la disparition brutale de mon grand-père.

Je lui parle longuement de mes déboires professionnels et de la crise que je traverse depuis que Julien a résolu de s'établir sur la Côte d'Azur, au mépris de toute déontologie. Mais je lui dis aussi les bonnes choses de mon existence : Lydie, Samuel, notre petite fille adorée, le deuxième enfant qui naîtra bientôt… Je ne souhaite rien lui cacher, tant j'ai l'espoir qu'il parviendra à démêler enfin le terrible écheveau de mes mésaventures affectives et sociales.

À un moment de la discussion, le *rav* Eli m'interrompt pour évoquer mon grand-père. Selon lui, l'un des ancêtres de Guy Livchitz était lui-même un *rav*, un rabbin très réputé du nom d'Israël Livchitz. Un *tsadik*.

— Un quoi ?

— *Tsadik* veut dire « homme juste », ou simplement « juste ». C'est un terme du vocabulaire hassidique, le hassidisme étant l'une des branches du judaïsme, née au XVIIIe siècle dans l'Empire russe. Le *tsadik*, selon cette sagesse, est un maître spirituel. Cependant, quoique regardé comme un saint, il n'est pas récompensé par Dieu de son vivant. En revanche, il protégera un descendant, à qui il offrira une vie extraordinaire.

Et le *rav* de préciser :

— Par « extraordinaire », il faut entendre : « qui sort de l'ordinaire ».

Cette explication a pour moi quelque chose de fascinant. Pourtant, le propos d'Eli me plonge dans une certaine perplexité :

— Mon grand-père Guy n'a pas eu une vie hors du commun, dis-je. À moins de considérer que toute vie l'est…

— Ce n'est pas Guy qui est protégé par le *tsadik* Livchitz. C'est toi. Toi, Magali, tu es cette personne. Ce que tu vis est la conséquence de la sainteté de ton ancêtre. Ton existence ne connaît pas de juste milieu. Elle te fait passer d'un extrême à l'autre : de la richesse à la misère et vice versa…

Mon grand-père n'ayant pas eu de fils, m'apprend le *rav* Eli, il était donc le dernier *tsadik* de la lignée des Livchitz, qui s'est éteinte avec lui. Mais sa protection est sur moi. Voyant que ses paroles me plongent dans la stupéfaction, le *rav* s'efforce de me rassurer :

— Tu es appelée à vivre des événements hors du commun. Mais, quoi qu'il arrive, tu seras sauvée car tu es sous la protection du *tsadik*, ton ancêtre. Cette bénédiction est sur ta tête à jamais, ma fille. Le problème, si je puis dire, c'est la tentation. Tu seras tentée. Tu le dis toi-même : tu ne prends pas la peine de mesurer les risques, tu fonces sans réfléchir… C'est ta nature, je le comprends, mais fais bien attention ! L'argent, par exemple, est un affront au *tsadik*. Ne gâche pas le mérite de ton ancêtre !

Je sors de cette rencontre retournée de fond en comble. Tout d'un coup, ma vie sans queue ni tête prend sens. Mes revers ne sont que des obstacles disposés sur ma route pour m'éprouver et faire mon apprentissage. Quoi qu'il arrive désormais, je serai protégée. Pourvu que je reste droite.

*

Au bureau, justement, les épreuves se succèdent. Mes salariés ont brusquement changé d'attitude à mon égard. J'ai beau leur demander ce qu'ils me reprochent, je n'obtiens pas de réponse. Nous n'arrivons plus à communiquer sereinement et il semble impossible d'en découvrir la raison.

Elle est pourtant simple : l'argent ne rentre plus. C'est à peine si je suis mieux payée que lorsque j'étais commerciale, à cause d'une entourloupe de Julien qui s'arrange pour déclarer impayés une partie des contrats que j'ai décrochés et me reprendre les commissions perçues en précompte. Je me suis endettée sans même m'en rendre compte.

Avec Sandra, c'est la même chose : on dirait qu'un mur s'est dressé entre nous. Pour elle, comme pour mes employés, c'est moi qui suis le principal problème, au lieu d'offrir une solution aux difficultés que rencontre le cabinet. Comme je suis très affective, cette situation me perturbe à l'excès. J'étais bien chez Pierre et Sandrine, j'étais encadrée, nous avions des relations amicales. Tout d'un coup, je suis comme désorientée, sans repères. J'ai peur de l'inconnu et de quitter ce groupe. Julien, qui me connaît, a compris mes faiblesses.

— Très bien, leur dis-je. Je suis un problème, d'accord. Mais quel genre de problème, à vos yeux ?

Ma question ne rencontre que visages muets, fuyants et angoissés. Pourquoi refusent-ils de répondre ? Pourquoi ne veulent-ils pas m'aider ? Je leur tends la main, ils la refusent !

C'est dans ce contexte que surviennent, au bureau, les premières contractions. Victoria voit le jour le 12 mai 2010. Je crois que je suis encore plus heureuse qu'épuisée. Elle est vraiment magnifique ! Mais, comme d'habitude, je ne m'accorde aucun repos. Une semaine après sa naissance, je suis de nouveau sur le pont !

Une petite fille à élever, un bébé, des tonnes et des tonnes de problèmes : telle est alors mon existence. Et c'est loin d'être fini ! Victoria est âgée d'un mois et demi quand j'apprends que j'attends un troisième enfant. Je n'en reviens pas. Désemparée, en larmes, j'appelle Samuel qui travaille toujours au garage de son père.

— Je saute sur mon scooter et j'arrive.

Dès qu'il franchit la porte du cabinet, je me jette dans ses bras. Comme toujours quand je ne me sens pas bien, il sait me consoler en y mettant toute la tendresse dont il est capable – et Samuel a en lui d'immenses réserves de tendresse. Ce qui m'étonne, c'est que la nouvelle n'a pas l'air de l'inquiéter outre mesure. Au contraire, il a plutôt l'air enchanté !

— Comment allons-nous faire ? dis-je.

Je sens que je vais de nouveau fondre en larmes.

— Ne t'inquiète pas. Tout ira bien.

Bientôt, Sandra décide de nous quitter. Je sais déjà que son rire, sa gaieté, son amitié me manqueront infiniment. Je sais aussi que je ne suis pas sortie de mes crises d'angoisse…

Pour couronner le tout, je reçois un appel de Sandrine, celle qui m'a appris le métier chez JMS. Je devrais être heureuse de l'entendre car je lui conserve une affection sincère. Pourtant, au ton de sa voix, je sens que quelque chose ne va pas. En tout cas, elle ne semble pas particulièrement ravie de prendre contact avec moi. L'entrée en matière est surprenante :

— On peut savoir ce que tu es en train de faire ? me demande-t-elle d'emblée.

Je ne sais même pas à quoi elle fait allusion. Elle ajoute :

— Tu as décidé de plier notre portefeuille ?

Je commence à entrevoir l'objet de son appel. Mais je la laisse sortir du bois :

— Tu dragues les clients que tu nous avais amenés ! Tu trouves que c'est honnête de les récupérer pour toi ?

— Mais non, au contraire…

Je bredouille, incapable de trouver les mots qui conviennent. Moi qui, justement, ai fait tout mon possible pour ne pas verser dans la concurrence déloyale ! Rassemblant mes idées, je rappelle à Sandrine le deal sur lequel j'avais démarré avec Julien : ne pas lui faire de tort à elle, à Pierre ni à JMS en général.

— Je me tiens à cette règle. Tes contrats, je n'y touche pas.

Mais elle est sourde à tous mes arguments et répète en boucle que je ne fais rien d'autre que les trahir… Une fois de plus, j'ai l'impression de sentir le sol se dérober sous mes pieds.

Cette nuit-là, malgré tous les efforts de mon gentil mari, je ne parviens pas à trouver le sommeil. Et les suivantes non plus. Dans le noir, les yeux grands ouverts, j'essaie de comprendre ce qui m'arrive. D'où le problème peut-il venir ? Aucune réponse ne me vient à l'esprit.

Puis Sandrine me rappelle. Elle a, dit-elle, des preuves. Il s'agit de documents attestant que d'anciens clients auraient été débauchés par mes soins.

— Tu les as, Sandrine, ces documents ?

— Je te les envoie.

Une nouvelle fois, je tombe des nues. D'anciens clients ont bel et bien été contactés pour changer de mutuelle, non par moi-même… mais de ma part.

Ainsi, quelqu'un démarche en mon nom pour s'attirer une clientèle. C'est à devenir dingue. À bout de nerfs, j'explore les possibilités, je fais défiler des noms, je passe des coups de fil… Et ce que je finis par

découvrir me fait froid dans le dos : Julien est parvenu à retourner Sandra pour qu'elle travaille à son profit et lui fournisse mon listing clients.

Peu à peu, la machination s'éclaircit. Depuis la création de mon cabinet, Sandra était mon assistante et avait accès au fichier clientèle. Elle appelle de ma part mes clients et leur propose de changer de mutuelle au profit d'une autre société, celle de Julien.

Des années durant, j'ai cru avoir une amie dans mon bureau ; en réalité, cette amie était un agent double chargé de piller les données de mon entreprise ! À quel moment a-t-elle vendu son âme au diable ? Il est trop tard, maintenant, pour s'en préoccuper ; le mal est fait, et bien fait.

Vite, je téléphone à Julien :

— On ne touche pas au portefeuille de Pierre et Sandrine !

Il proteste de sa bonne foi :

— On n'a jamais fait ça !

— Passe-moi Sandra, s'il te plaît.

Elle nie avec la même effronterie que son boss. Décidément, il lui a bel et bien lavé le cerveau !

Pierre et Sandrine, quant à eux, décident de les traîner devant un tribunal pour détournement de clientèle. Et au procès, hélas ! je serai caution, car si Sandra a pu s'emparer du fameux fichier, c'est sous ma responsabilité qu'elle l'a fait.

Être caution dans un procès, c'est la pire des places. Aux yeux de la justice, en effet, le cautionnaire est responsable de tout. Je suis donc attaquée pour un préjudice de 200 000 euros. Sandra, de son côté, continue de me réclamer de l'argent qu'elle m'a prêté. Quand vais-je me réveiller de cet interminable cauchemar ?

À bout de nerfs, je pars pour Nice. Sans prévenir, je débarque dans le bureau de Sandra. J'ai le cœur serré et les jambes qui tremblent. Je vois qu'elle fuit mon regard.

— À quoi joues-tu ? Pourquoi me poignarder dans le dos ?

— Ils ne gagneront pas ce procès, dit-elle soudain d'une voix blanche.

— Qu'ils gagnent ou non, ce n'est pas le problème !

— Donc il n'y a pas de problème.

J'ai l'impression d'avoir devant moi une femme irresponsable, murée dans le déni. Les tenants et aboutissants de toute cette histoire, elle s'en fiche éperdument. Sandra n'a aucun remords. Pourquoi agit-elle ainsi ? Pour se remplir les poches, tout simplement.

Quelque peu rassérénée par un manque de discernement aussi flagrant, je lui propose de rédiger sur-le-champ une lettre me dédouanant de toute responsabilité dans cette affaire. J'exige une déclaration écrite, signée de sa main, disant que je n'y suis pour rien, que je n'étais au courant de rien, que les listings ont été utilisés à mon insu.

— Bref, je veux une lettre qui dise la vérité.

— C'est non, dit-elle. Je refuse.

J'ai beau insister, insister encore, Sandra s'obstine dans son opposition.

Je n'ai plus qu'à rentrer à Juan les mains vides, en pleurant toutes les larmes de mon corps.

*

Le 20 juin 2011, je ressens les premières contractions. Comme d'habitude, je n'ai pas pris de congé maternité. J'ai continué de travailler comme une

femme en pleine possession de ses moyens. Je n'ai jamais pris de repos après un accouchement et je ne vois pas de raison de changer mes habitudes. Partie pour la clinique au tout dernier moment, j'accoucherai sans péridurale, heureuse malgré tous mes ennuis de mettre au monde une troisième fille, prénommée Shelly. Un troisième porte-bonheur dans ma vie, j'ai vraiment beaucoup de chance !

Quatre jours après sa naissance, je suis au travail dans mon cabinet, prête à affronter la prochaine tempête. Je n'aurai pas à attendre longtemps : moins d'un mois après mon bref séjour en clinique, j'apprends que Sandra a disparu. Elle aurait quitté la France.

Vais-je enfin retrouver le sommeil ? Non, car Julien revient à la charge. Cette fois, il joue la carte de l'amabilité. Ce qui me rappelle aussitôt notre première rencontre à Cannes et l'opinion que je m'étais faite alors de lui : un vendeur de rêve. Cet homme si doué pour embobiner me couvre soudain de belles paroles. Aurait-il oublié les tensions des derniers mois ? La colère de Pierre et Sandrine ? Le détournement des fichiers ? Le tribunal ?

— Tu n'as aucune crainte à avoir, me dit-il.

L'espace d'un instant, l'idée me traverse pourtant de prendre mes jambes à mon cou, de m'extraire de ce chaos et de recommencer ailleurs, sur de nouvelles bases. Certes, mais où ? Et quelles compétences puis-je faire valoir ? Vendre des assurances : voilà tout ce que je sais faire. C'est mon métier, mon domaine, mon gagne-pain. Je sens bien, pourtant, que je n'ai plus ma place à Nice dans cette profession.

Malgré cela, je me laisse berner par l'habile Julien. Mes doutes n'auront duré qu'un instant. Je m'arc-boute sur ses paroles. Je prête une oreille attentive à ses propositions. Quelles sont-elles, ses propositions ? Former les jeunes commerciaux de son agence. Ce sera ma première mission. La seconde consistera à créer trois nouvelles agences.

— Alors, Magali, ça marche ? On est d'accord ?

— On est d'accord, Julien. Marché conclu.

Dans les semaines qui suivent ce surprenant échange, nous nous entendons bien, lui et moi. Samuel m'aime et me fait confiance. Me voilà repartie à l'aventure, plus enthousiaste et combative que jamais. J'ai renoué avec l'acharnement au travail et remplacé Sandra par une nouvelle employée, Barbara[1]. J'ai tant d'amitié pour elle qu'elle deviendra la marraine de Shelly. Je suis confiante. Tout va bien. Tout ira pour le mieux. Et de mieux en mieux…

Je me dois toutefois de préciser que Julien oublie de me régler ce qu'il me doit. Plus exactement, il consent à me verser, à contrecœur, une petite moitié des sommes convenues. Je me sens accablée. Ce qui m'angoisse le plus, c'est de ne pouvoir payer mes salariés. Pendant mes nuits sans sommeil, je repense à mon ancienne vie chez JMS. Comme elle me paraît merveilleuse, en comparaison de mon quotidien aujourd'hui ! Certes, je travaillais beaucoup, trop peut-être, mais je touchais le fruit de mes efforts ! Julien, lui, est vraiment malhonnête. Les problèmes d'autrui l'indiffèrent. Quant à ses clients, il n'en a cure. Comment ai-je pu lui faire confiance ? Une fois de plus, je ne vois pas comment la situation pourrait s'arranger.

1. Le prénom a été modifié.

*

Comme l'avait fait Sandra, Barbara me tourne le dos à son tour. Pour quelle raison, je l'ignore. La voici qui entre dans mon bureau et lance pour toute explication :

— J'ai décidé d'avoir ma propre agence. J'ai envie d'évoluer, tu comprends. De tenter ma chance.

Je connais cette revendication. J'avais toutefois proposé à Pierre ainsi qu'à Sandrine, que je ne voulais pas quitter, un bureau placé sous leur responsabilité, qui me permettrait de jouir d'une certaine indépendance en leur demeurant rattachée. Mais le moment est mal choisi. Barbara ne peut pas me faire un coup pareil. Pas elle, pas la marraine de ma fille !

J'ai beau protester, implorer, supplier, sa décision est prise : elle claque la porte. Trois semaines plus tard, j'apprends qu'elle a ouvert une nouvelle agence à Cannes… avec Julien. Il a su se montrer convaincant et gagner la confiance d'une nouvelle victime. En un mot comme en cent, il s'est encore arrangé pour retourner une de mes employées contre moi, sans même lui promettre de la payer beaucoup mieux, mais en temps et en heure. Je le ressens comme une double trahison. Je viens d'apprendre, à mes dépens, qu'il est dans la nature humaine de trahir une amie pour le plus minime des gains. Quand pourrai-je enfin m'appuyer sur quelqu'un les yeux fermés ?

Ce choc, en un sens, est comme un coup de grâce. Cette fois, je ne vois vraiment pas comment je pourrais m'en sortir. Ma détresse est totale. Pourtant, je ne me laisse pas abattre. Je prends des médicaments et, puisant dans mes dernières réserves d'optimisme, m'oblige à tenir la barre du cabinet. J'engage même une nouvelle employée, Julia. Mais l'argent manque de plus en plus. Impossible désormais de régler la note de mes fournisseurs. Mes salariés non plus ne sont pas payés. Et notre propriétaire réclame à grands cris le loyer de l'appartement. Certes, Samuel a un emploi, mais son seul salaire ne peut suffire à pourvoir aux obligations de notre petite famille. Si je ne réagis pas très vite, je vais me retrouver à la rue, avec Samuel et les filles, sans pouvoir subvenir à nos besoins. Il me semble que je connaîtrai sous peu tous les huissiers des Alpes-Maritimes, tant ils m'inondent de papier timbré !

Le mécanisme qui m'a conduite à cette déchéance est simple. Poussée par Julien, j'ai monté les trois agences dont j'étais la directrice générale. Alors même qu'il touchait les avances des grandes mutuelles, Julien ne me réglait pas l'intégralité des commissions dues sur les contrats que je lui rapportais, dûment paraphés et signés par les clients. Faute des rentrées d'argent attendues, je ne pouvais payer mes employés. Julien connaissait parfaitement la situation. Il me savait coincée par les conséquences de ses manquements. Mais il avait toujours un argument à opposer à mes réclamations : tel client s'était désisté en faisant jouer sa clause de retrait, etc. À l'en croire, tous mes assurés étaient en cessation de paiement !

Non content de tout faire pour bloquer le système et ruiner nos accords, il a débauché mes employées. Il m'a d'abord pris Sandra, puis Barbara. Il continue avec les filles que j'ai recrutées et formées, en leur promettant des revenus sûrs qu'il leur règle sans discuter. Même Julia et Inès, une de mes anciennes assistantes, tombent dans ses filets. Cela commence à faire beaucoup ! Ces femmes à qui j'ai enseigné les ficelles du métier, il les exploite pour son propre compte et leur permet de développer tout ce qu'elles ont appris chez moi. À leur tour, elles forment de nouveaux commerciaux, ce qui leur permet d'empocher des salaires trois fois supérieurs à ce qu'elles touchaient chez moi. Mais je m'obstine à mettre cet échec sur le compte de la fatalité.

Le plus cruel exemple de ce débauchage organisé, c'est Jean-Sébastien, un ami d'enfance de Samuel. Son prénom me rappelle celui de mon frère, de sorte que j'ai éprouvé d'emblée une grande affection pour lui. Après avoir fait son apprentissage chez moi, il m'annonce un matin qu'il part chez Julien, à Nice, former de nouveaux techniciens ! Je n'ai pas les moyens financiers de le retenir, n'étant même pas en mesure de payer le loyer de notre appartement. Sans oublier les lettres d'huissier qui s'amoncellent dans mes tiroirs…

Une fois encore, me voilà prise au piège. Tous les soirs, je rentre à la maison, épuisée. Après une journée éprouvante à franchir des obstacles insurmontables, je dois encore m'occuper des filles, leur donner le bain, préparer leur dîner, leur faire des câlins, les aider à se détendre et à s'endormir, alors que je suis moi-même dans un état de nervosité proche de la dépression. Mais je sens bien que mon corps est sur le point de lâcher. Le soir, mes jambes ne me portent plus. Quand les filles sont au lit, je m'écroule dans un fauteuil et je pense au fardeau de mon existence. Cinq ans que ça dure ! Bientôt six. Le temps passe à une vitesse effrayante.

L'angoisse du lendemain me tenaille. Bien sûr, je suis capable de me remettre en question. J'analyse parfaitement la façon dont les événements se sont enchaînés. Je suis même résolue à regarder mes erreurs en face, à en tirer les leçons. Mais j'ai beau me repasser le film encore et encore, je refuse de me considérer comme responsable de la situation. Les autres ont beau dire que je suis le problème, je sais que c'est faux. Je sais que c'est une invention destinée à me perdre et à les absoudre.

Comme tout un chacun, je ressens de la culpabilité. Mais je sais aussi voir le mal là où il est. Je ne me transformerai pas en coupable universelle.

Un beau soir, alors que les filles sont endormies, je sens que ma décision est prise.

J'arrête les frais.

5

Casser l'emprise

Julien s'interroge : Magali jette l'éponge, très bien, mais pour aller où ? Et pour faire quoi ? Après quelques jours de gamberge, il décide de venir me voir. Pour tenter de me retenir, il invente des offres mirifiques – de la poudre aux yeux, comme d'habitude. Mais ma réponse est ferme et définitive : c'est non. Je ne reviendrai pas sur mon choix, je quitte le groupe à tout jamais. C'est sans appel. Julien est forcé de déclarer forfait, à ma plus grande satisfaction. Pourtant, je tremble à l'idée d'ignorer de quoi ma vie sera faite dans un proche avenir.

Accompagnée d'un commercial, je me rends à Nice en camionnette pour récupérer nos ordinateurs et notre matériel. Sur le chemin du retour, je reçois un SMS anonyme qui me glace d'effroi : « Ça y est, la p… est partie, on ouvre le champagne ! » C'est le début d'une pluie de messages de haine et d'insultes qui s'abat sur moi sans répit, de jour comme de nuit. Leur contenu se résume à la formule suivante : « Je vais te détruire ! » Suivront des appels téléphoniques en pleine nuit, puis une nouvelle salve de SMS dont l'un est particulièrement cruel : « Tu finiras seule, comme quand tu étais une gamine abandonnée par son père. »

Cette allusion sadique aux déchirements de l'enfance me met dans tous mes états. C'est aussi une signature : plus aucun doute n'est permis sur l'origine des messages, qui proviennent tous de Julien, bien sûr. À moins qu'il ne les ait téléguidés, ce qui serait bien dans son style : ne jamais faire le sale boulot soi-même ! Décidément, cet homme est un manipulateur né. S'il s'estime trahi, sa réaction sera sans pitié.

Ce harcèlement prend de telles proportions que je suis obligée d'aller porter plainte. Je n'ai plus de travail, plus d'argent, plus d'amis. Et mon boss a décidé de me détruire. J'ai le sentiment terrifiant, tout à coup, de n'être plus rien. Et c'est en sortant du commissariat de Juan-les-Pins que j'en prends brutalement conscience. Le choc est rude.

À la maison, la situation n'est pas meilleure. Samuel, pour la première fois de notre vie commune, devient nerveux. La multiplication des problèmes et la charge des dettes pesant sur notre ménage l'atteignent à son tour. Vais-je encore pouvoir compter sur lui, sur son optimisme ? Suis-je au contraire sur le point de perdre aussi le pilier de mon existence, le papa de mes filles ? Qu'adviendra-t-il alors de moi ? Cette angoisse me taraude, lancinante comme un pressentiment funeste, alors que les séparations qui ont saccagé mon enfance ne cessent de se faire sentir, telles des blessures à jamais ouvertes.

*

La mutuelle ! J'y pense jour et nuit. C'est mon métier, je ne sais rien faire d'autre. Or j'ai signé avec Julien des contrats de co-courtage exclusifs m'obligeant à ne travailler qu'avec lui ! Impossible pour moi de traiter directement avec les compagnies. De plus, mes trois sociétés sont écrasées de dettes. De sorte que la solution s'impose d'elle-même : fermer en même temps mes trois cabinets de courtage.

Du fait que j'ai été juge au tribunal de commerce, je sais du moins comment m'y prendre pour mettre un terme à mes activités. C'est après la naissance de Shelly qu'un client m'a présenté au président du tribunal de commerce de Cannes. Nous avions sympathisé et il avait décidé de présenter ma candidature, laquelle a fait l'objet d'un vote. Et, à ma grande surprise, j'ai été élue. C'est ainsi qu'à l'âge record de vingt-sept ans, j'ai porté la robe et siégé en audience au tribunal de commerce de Cannes. Mais, très vite, je me suis demandé quelle légitimité je pouvais bien avoir, moi qui connaissais les problèmes de surendettement mieux que personne, pour statuer sur le sort de malheureux artisans qui plaidaient leur cause en pleurant. Qui donc étais-je pour prendre part à ce lynchage institutionnel ? Ne me sentant pas à ma place, j'ai décidé de rendre ma robe de juge consulaire.

Rendez-vous est donc pris avec un mandataire judiciaire qui me reçoit dans son bureau. Je connais cet homme pour l'avoir croisé plusieurs fois au tribunal de commerce. Il est empathique et bienveillant. Dès le début de l'entretien, pourtant, je m'effondre.

— Madame, voyons…

Rien n'y fait, je me sens tenue de tout lui déballer : la paria que je suis devenue, les problèmes d'argent, la débandade des amis, un retard de loyer abyssal, mon mari qui n'en peut plus et mes filles qu'il me faut pourtant nourrir au jour le jour…

Le mandataire décide de se montrer rassurant :

— Je veux bien essayer de vous aider, madame. S'il n'y a ni malhonnêteté ni abus, alors je devrais pouvoir fermer vos sociétés dans un délai assez bref.

En dépit de ses efforts, il ne parvient pas à apaiser mes craintes :

— Comment vais-je gagner ma vie ? Je ne connais rien d'autre que les assurances !

— Pourquoi ne pas monter une nouvelle entreprise ?

— Une société de courtage ?

— Bien sûr.

— J'ai le droit d'en ouvrir une, alors que j'en ferme trois ?

— Il est vrai que les conditions ne sont pas idéales.

Sans pouvoir retenir un léger sourire devant l'ironie de la situation, il poursuit :

— Trouvez un partenaire. Une amie, je ne sais pas, quelqu'un de confiance… Et ouvrez un cabinet à deux, c'est plus rassurant. Au moins, vous travaillerez et vous aurez de quoi nourrir vos filles…

— Vous pensez vraiment que la chose est possible ?

— Tout est possible avec de la volonté. En attendant, je vais m'occuper de faire avancer votre dossier.

Le moral commence à reprendre des couleurs…

*

C'est alors que je repense à Samira, qui a été notre voisine lorsque ma mère habitait chez Emmaüs avec Serge, mon beau-père. Samira nous a été d'un grand secours et son père m'a souvent protégé des coups de sang de Serge. Je lui en suis, depuis, éternellement redevable. Or Samira est sans travail, et je n'ai pas la force de me relancer toute seule.

Samira, qui vit dans le Gard, à Nîmes, me retrouve au Grand Café d'Antibes. Nous sommes si heureuses de nous retrouver ! Je lui fais part de mon intention de monter une nouvelle société de courtage. Le projet semble éveiller son intérêt car elle me demande aussitôt :

— Toujours les mutuelles ?

— Bien sûr.

J'enchaîne de but en blanc :

— Ça te dirait de t'associer ? On ferait cause commune. On se serrerait les coudes…

— Il y a juste un léger problème : je n'y connais rien.

— Je te montrerai comment faire. Nous travaillerons ensemble, main dans la main. Tu pourrais t'occuper de la gestion. Je t'expliquerai tout.

Samira pourrait hésiter. Tout le monde n'est pas disposé, comme moi, à se jeter à l'eau sans bouée ! Mais elle se laisse convaincre et nous ne tardons pas à nous mettre en quête de locaux. Je ne suis toujours pas au mieux de ma forme, mais Samira m'encourage et s'efforce de me remonter le moral. L'avoir à mes côtés est un atout précieux, son soutien me donne une force inespérée.

— Ne t'en fais pas, dit-elle. Toi et moi, on est comme deux sœurs !

Mais une difficulté demeure : le domicile de Samira. Nîmes est tout de même à presque 300 kilomètres de voiture de Nice.

— Ça ira, dit-elle. C'est de l'autoroute tout le long.

Samira est prête à tenter sa chance et rien ne pourrait me faire plus plaisir. Bientôt, le moral revient avec l'action. Sans elle, sans son courage et sa force d'entraînement, il est évident que je n'en serais pas là où je suis aujourd'hui.

*

Dans son rôle de gestionnaire, Samira apprend vite et fait du bon travail. Les affaires reprennent si bien que, bientôt, nous nous trouvons à même d'ouvrir plusieurs cabinets. Au sortir d'une longue série noire, je préfère ne pas aller au-devant de nouveaux ennuis. Je demande conseille à un ami : sous quel statut devrais-je recruter mes commerciaux ?

— Tu devrais les prendre comme vendeurs à domicile indépendants (VDI), me dit-il. C'est une bonne solution. Ils sont payés à la commission et définissent eux-mêmes leurs horaires. C'est très motivant.

Ce choix, qui emporte ma conviction, m'offre une accalmie. Je suis bien placée pour savoir que la pluie vient après le beau temps et que la tranquillité est une denrée périssable, mais ce n'est pas une raison pour ne pas profiter d'un répit quand il se présente !

Physiquement, psychiquement, je me sens bientôt beaucoup mieux. Dans mon couple, les tensions se sont apaisées, ce qui rejaillit positivement sur l'état d'esprit de nos trois petites princesses. Enfin, sept mois après mon entretien avec le mandataire bienveillant, la bonne nouvelle tombe du ciel : mes trois sociétés précédentes ont été fermées sans problème.

Le stress s'éloigne. Je peux enfin m'endormir entre les bras de mon chéri, au lieu de passer la nuit à ruminer mes embêtements dans le fauteuil du salon. Le jour, je vais au bureau avec entrain. Je respire enfin.

Un matin, cependant, Samira franchit la porte du bureau en affichant une petite mine.

— Ça ne va pas ?

— Si, si…

Nous nous mettons au travail, mais je vois bien qu'elle n'est pas dans son assiette. J'insiste gentiment, sans la brusquer. Elle finit par m'avouer ce qui la préoccupe : elle attend un enfant et craint de ne pouvoir supporter encore longtemps les trajets quotidiens entre Nîmes et Nice – presque 600 kilomètres aller et retour, il est vrai.

— La gestion de la boîte, me dit-elle, je ne pourrai bientôt plus.

Dont acte. Voilà un bail qu'une tuile ne m'était pas tombée sur la tête. Moi qui commençais à m'habituer à vivre normalement, sans être harcelée par les difficultés !

— Ne t'inquiète pas, lui dis-je.

— Qu'est-ce que tu vas faire ?

Je lui explique qu'elle n'a pas à culpabiliser : l'arrivée d'un enfant est une bonne nouvelle, c'est la plus belle chose qui puisse vous arriver dans la vie. Nous saurons bien trouver une solution.

C'est alors que je reçois sur mon portable un appel de ma mère, Patricia, qui vit toujours chez Lydie, à Saint-Tropez, avec ma demi-sœur Aurore. Elle ne travaille pas et, depuis quelque temps, s'est mis en tête de jouer les grands-mères modèles ! Si elle espère obtenir ainsi mon pardon, elle fait fausse route car je n'ai rien à lui pardonner. Au contraire, je l'ai toujours gardée dans mon cœur, quoi qu'elle ait pu faire, et je n'ai pas le sentiment de lui en avoir jamais voulu. Devenue maman à mon tour, j'ai appris à relativiser. J'ai compris que chacun fait comme il peut et qu'elle ne pouvait pas grand-chose.

Quoi qu'il en soit, elle tient à veiller sur mes filles et j'en suis ravie.

— Bonjour Magali, ça va ? Pas trop débordée ? As-tu besoin de moi pour garder les enfants ? N'hésite pas à me le dire, si tu as besoin.

— Merci, maman, tout va bien. Tu es gentille de me le proposer.

Ce coup de fil me laisse rêveuse quelques minutes. Puis un déclic se produit dans ma tête. Je la rappelle :

— Maman, dis-moi... Est-ce que tu serais prête à m'aider en remplaçant Samira ?

Elle n'hésite pas une seconde et me répond :

— Bien sûr, ma fille. Si cela peut nous rapprocher.

Bientôt, elle me rend visite à Nice et, en deux temps trois mouvements, nous voilà collaboratrices ! Il faut croire que nous n'étions pas destinées à faire les choses dans l'ordre, elle et moi. Enfant, je ne la voyais jamais. Dans peu de temps, je passerai ma journée au bureau en sa compagnie. En principe, les mères apprennent la vie à leurs enfants ; moi, j'apprendrai à ma mère à gérer une entreprise !

Ma mère, autant le dire, a peu d'atomes crochus avec la gestion. La voilà parachutée en terre inconnue. Mais elle est courageuse ! Et elle a de la volonté. Elle est si fière d'avoir été bombardée PDG qu'elle se donne toutes les chances de réussir. Chaque matin, c'est elle qui ouvre les portes de l'agence niçoise et accueille les employés. Le soir, elle est systématiquement la dernière à partir. Elle est appréciée de tous, dure à l'ouvrage et toujours d'excellente humeur. Elle ne tire pas parti du fait d'être ma mère. Elle se contente d'assumer les responsabilités qui lui sont confiées.

Reste Samira. Je ne me sens pas le droit de la laisser sans emploi, d'autant qu'elle attend un enfant. Nous décidons ensemble d'ouvrir pour elle une petite agence à Nîmes. Ainsi, elle pourra gagner sa vie sans devoir s'épuiser dans de longs trajets en voiture.

Notre société chapeaute désormais pas moins de sept agences et, dans l'ensemble, je peux m'estimer satisfaite de ce qu'il faut bien appeler une renaissance. Ainsi, tout semble aller pour le mieux dans le meilleur des mondes…

*

Peu de chefs d'entreprise aiment recevoir un courrier recommandé de l'Urssaf. Celui qui s'est glissé dans la pile de lettres déposées ce matin-là par le facteur annonce un contrôle. Je pressens le pire. La parenthèse heureuse est-elle sur le point de se refermer ?

Tel que décrit par l'inspecteur, le problème est le suivant. Mes vendeurs indépendants devraient travailler avec plusieurs entreprises différentes. Or, ils ne font leurs affaires qu'avec moi. Selon les critères de la Caisse nationale de compensation des VRP, leurs contrats de travail doivent être requalifiés en CDI. En conséquence, on me réclame un an de cotisations sociales pour chacune des cent vingt personnes travaillant dans mes sept agences. La somme exigée dépasse le million d'euros. Un vent de panique se met à souffler dans mon cabinet. Je me tourne vers ma mère :

— On fait comment, d'après toi ?

Bien sûr, elle n'en a pas la moindre idée. Moi non plus !

J'ai une certaine expérience des ennuis d'argent, mais cette fois la somme est astronomique. Et, comme un malheur n'arrive jamais seul, il a fallu que François Hollande devienne président de la République. Depuis 2013, l'Accord national interprofessionnel (ANI) oblige les patrons à offrir à leur personnel l'accès à la couverture complémentaire des frais de santé, autrement dit, à souscrire à une mutuelle au bénéfice de leurs employés. La situation est fort simple à résumer : le président « m'a tuer » ! En tout cas, il a asséché mon job. Non seulement je me retrouve avec un redressement colossal sur les bras, mais l'État m'empêche d'exercer mon travail. La seule solution, pour échapper à ce nouveau piège, consistera à me tourner vers une clientèle extérieure à l'entreprise : les retraités et les chômeurs. Soit, en d'autres termes, 70 % de cibles en moins.

De nouveau, les sables mouvants. Et ce sentiment hélas familier de m'enfoncer chaque jour davantage. Du jour au lendemain, nous nous retrouvons avec une dette énorme vis-à-vis de l'État, menacés de saisies sur comptes et incapables d'assurer les salaires. C'est le cauchemar qui recommence…

Autour de moi, certains employés compatissent. D'autres menacent de nous traîner devant les prud'hommes. D'autres encore proposent de me présenter des « personnes » susceptibles de nous aider. Qui sont ces personnes ? Des inconnus qui prêtent de l'argent moyennant de forts intérêts. Cette idée me terrifie d'avance. Hélas, je suis obligée d'envisager cette issue : je n'ai pas d'autre choix. C'est bien par là qu'il me faudra en passer…

C'est ainsi que je commence à emprunter de l'argent à toutes sortes de gens. Leur système est diabolique. S'ils vous ont prêté 5000 euros, vous devez leur en rembourser au moins 7000, voire 8 000. L'engrenage est sans fin. C'est une spirale dont on ne sort plus – en tout cas, pas vivant… Comparé à ces interlocuteurs-là, Julien fait figure d'enfant de chœur.

Jamais je n'ai connu un stress aussi violent. Les rendez-vous dans de mauvais lieux se multiplient. La peur rôde à chaque détour de mon existence. J'emprunte à X pour rembourser Y, jusqu'à ce que X se montre menaçant. Il faut alors emprunter à Z. À chaque fois, les taux augmentent. Je pense sans cesse à mes filles. Il est évident que je suis en train de les mettre en danger. Mais si j'arrête d'emprunter, impossible de rembourser, ce qui ne vaudrait pas mieux. En attendant, je vis au jour le jour avec une pression énorme sur les épaules : cent vingt personnes à payer, une dette monstrueuse à effacer. Jeter l'éponge et déposer le bilan ? Je n'y pense même pas.

Quant à Samuel, je n'ose lui décrire la situation. Je préfère le laisser dans l'ignorance de ces opérations dangereuses. Samuel qui travaille toujours dans l'entreprise de carrosserie de son père. Samuel qui ne comprendrait pas, lui qui est si droit et qui aime les situations claires…

Je suis en train de me noyer. Je suis certaine que mon métier est mort et que mes périlleux efforts ne serviront jamais qu'à sauver les meubles – et encore. Mes soucis tournent en boucle et se transforment en obsession. Quant à ma réputation, elle est tout bonnement catastrophique. Pour les Niçois, je suis la nana qui doit de l'argent à tout le monde, et en particulier à des « personnes » peu recommandables. Des gens de la région iront bientôt jusqu'à apostropher Samuel dans son garage, pour lui conseiller le divorce…

J'ai l'impression d'être victime d'un lynchage. Mes nerfs sont à bout. Fatalement, je finis par rendre les armes : c'est le dépôt de bilan. C'est la fin d'un an de calvaire, et cette question à la clé : pourquoi n'y ai-je pas mis un terme plus tôt, au lieu de m'entêter à résoudre un problème insoluble ?

*

Bientôt, je reçois un appel parfaitement inattendu. Il s'agit de ma tante Christine, la sœur de mon père, un homme que je n'ai pas vu depuis plus de quinze ans. Quelle mauvaise nouvelle va-t-elle m'annoncer ?

Avec sa seconde femme, mon père a eu deux filles, Sophie et Émilie. Je ne suis pas proche de mes demi-sœurs, mais je connais leur existence et me tiens au courant de leur parcours. Christine m'apprend que Sophie, âgée d'une vingtaine d'années, a été victime d'un accident de scooter la veille au soir. Elle se trouvait à l'arrière du deux-roues. Son copain conduisait. Il avait bu et s'est endormi. Ils se sont encastrés dans une voiture en stationnement. Sophie est à l'hôpital, dans un état végétatif.

Je me rends au chevet de la malheureuse. Les mots me manquent, aujourd'hui encore, pour décrire ce que je ressens devant ce jeune destin brisé. Mon père est là aussi.

Christine me rappelle quelques jours plus tard pour m'annoncer, cette fois, le décès de mon grand-père paternel. Cet homme, que nous appelions Bon Papa, m'a laissé peu de souvenirs. Ayant appris l'accident de Sophie, il a succombé à une crise cardiaque. L'enterrement a lieu à Lyon.

Sébastien, mon frère, est présent à la cérémonie. Depuis combien de temps nous sommes-nous perdus de vue ? C'est presque impossible à dire. Ce jour-là, au cimetière, la communication a du mal à s'établir. Il est trop tard, sans doute. Trop d'événements nous ont séparés et nous séparent encore, malgré nous.

Ce rassemblement familial, dans ces circonstances éprouvantes, m'a littéralement épuisée. L'accident de Sophie, puis la mort de Bon Papa, coup sur coup, m'ont laissée sur le flanc. C'est avec soulagement que je regagne la Côte d'Azur et Juan-les-Pins. C'est oublier qu'il est bien difficile d'enrayer une « série noire »...

*

Samuel a un frère, Eythan, et ce frère a ouvert un petit restaurant à Juan-les-Pins. Nous avons décidé de nous y rendre dimanche en famille. Samuel, parti en avance, doit déjà être sur place. Je me mets en route avec deux de nos filles et une amie. Le restaurant d'Eythan n'est pas loin et nous nous y rendons à pied. Mon amie part en tête, tenant Victoria par la main. Je suis avec Shelly, ma petite dernière, à peine âgée de trois ans.

Tout à coup, j'entends un bruit de pas derrière moi. Un type fonce sur nous en courant. Je n'ai pas le temps de me retourner qu'il a déjà frappé ma fille, d'un coup de pied en pleine tête. Le choc est violent. Shelly me lâche la main, heurte un mur et retombe au sol, inconsciente. À la vue de son petit corps inanimé, tétanisée d'effroi, je pousse un hurlement. Mais l'agresseur continue sa course.

L'incident s'est produit alors que nous étions en vue du restaurant. Entendant mon cri, Samuel s'est précipité dans la rue, suivi d'Eythan et de leurs cousins. Sans réfléchir, ils se lancent à la poursuite de l'agresseur, persuadés qu'il s'est emparé de Shelly ! Ils parviennent à attraper l'homme, qui se débat. Une scène brutale se déroule sous nos yeux.

À genoux devant ma fille inerte, complètement désemparée, j'attends l'arrivée des pompiers et de la police, qui s'occupent rapidement de tout. Mon mari m'appelle du commissariat pour m'apprendre que la mère de l'agresseur – âgé de vingt-quatre ans – veut déposer plainte contre lui ! Écœuré, l'officier en charge de l'enquête a refusé de prendre sa plainte, estimant que la réaction de Samuel était justifiée.

Quelques minutes plus tard, Shelly est hospitalisée avec deux traumatismes, un de chaque côté de la tête. Cependant le médecin se montre rassurant : pas de fracture du crâne.

— Votre petite fille est très jeune, madame. À son âge, la boîte crânienne n'est pas encore solidifiée.

Plus grande, Shelly aurait pu être tuée par un coup aussi violent à la tête. Elle sera suivie par un pédopsychiatre durant plusieurs mois. Victoria, sa sœur, restera traumatisée car elle a vu la scène. Comment peut-on s'attaquer à une petite fille de trois ans qui n'a que de l'amour en elle ? Le fait est que mon bonheur se réduisait à ma famille, et voilà qu'une fois encore le malheur s'acharne…

L'individu, quant à lui, a été arrêté. Il s'agit d'un schizophrène qui a omis de prendre ses médicaments.

Il est transféré sur-le-champ en hôpital psychiatrique. Il n'y aura donc pas de procès car cet homme n'est pas pénalement responsable. Mais nous aurons accès au rapport d'expertise médicale, dans lequel figure cette phrase : « J'ai regardé la petite fille, elle ne m'aimait pas. » Raison pour laquelle Shelly a failli perdre la vie…

Aujourd'hui encore, il m'arrive de croiser cet individu. Chaque fois, je suis envahie par le même sentiment d'impuissance : cet homme n'est pas « pénalement responsable », il peut donc tuer en toute impunité.

*

Plus un jour ne passe, désormais, sans que l'on me réclame de l'argent. Pour faire face à mes dettes, sans perdre courage, je décide de me relancer en ouvrant un nouveau cabinet. Aussitôt, je me mets en quête de personnes non salariées pour leur proposer de souscrire à une mutuelle. Hélas ! les résultats ne sont pas au rendez-vous – ce qui n'a rien d'étonnant, compte tenu des restrictions imposées par l'Accord national interprofessionnel de 2013.

Songeant à diversifier ma pratique, je me tourne alors vers l'assurance automobile. Nouvel échec. J'ai l'impression d'être engagée dans une voie sans issue. Hélas, je ne sais rien faire d'autre. Je suis une jeune trentenaire, maman de trois enfants, criblée de dettes, qui se demande avec angoisse comment rembourser ses emprunts et payer son loyer. Jamais l'avenir ne m'a paru plus sombre. Le moral est au plus bas. Le désespoir me guette. Ai-je encore ma place dans ce métier ? J'en doute. Peut-être ai-je passé mon tour. Peut-être l'avenir est-il fermé. Les quelques personnes qui me sont restées fidèles, et auxquelles je ne cesse de dire ma gratitude, ont comme moi l'impression de voguer tout droit vers l'iceberg, à bord du *Titanic*… Est-il déjà trop tard pour redresser la barre ?

6

Résurrection

J'ai toujours eu le goût de rendre service, toutes mes relations le savent. Or, dans cette période de désespoir, voici que je reçois la visite d'une ancienne salariée qui a besoin d'aide. Martine doit disposer d'une promesse d'embauche pour obtenir un appartement. Elle se présente à mon bureau avec une amie, une jolie brunette au prénom original : Jazz.

Après avoir écouté ses explications, j'accepte de lui venir en aide et lui fais préparer le document demandé. Tandis que je le relis avant d'y poser ma signature, j'observe la scène du coin de l'œil et je note que Jazz, la copine de Martine, attire les regards de mes employés.

Jazz m'apprend qu'elle était candidate d'une émission de téléréalité. Elle a d'ailleurs rendez-vous tout à l'heure dans un hôtel, à trois pas d'ici, pour un projet publicitaire.

— On va négocier ! me lance Martine, fièrement.

— Négocier quoi ?

— Eh bien, des nuits d'hôtel.

Je me tourne vers Jazz :

— Tu n'es pas de la région ?

Elle hausse les épaules :

— Je vis à Nice.

— Il faut m'expliquer, là. Pourquoi veux-tu aller dormir à l'hôtel si tu vis à Nice ?

— Je ne sais pas… Ils m'ont dit que c'était un cadeau.

Je flaire une arnaque. Et ces deux filles me sont trop sympathiques pour que je les laisse se faire berner par des publicitaires sans vergogne.

— S'ils te demandent de faire de la promo pour un établissement, lui dis-je, il faut demander de l'argent, pas des nuits d'hôtel !

Jazz est gênée.

— Je ne sais pas comment m'y prendre, m'avoue-t-elle. Je n'ai pas l'habitude de ce genre de discussions.

Elle me demande si je peux l'accompagner.

— Tu peux compter sur moi.

Jazz est ravie. Et moi, je me sens renaître.

— Il ne faut pas être timide, lui dis-je. Le monde des affaires est dur. C'est un milieu où l'on doit savoir s'imposer.

— Je suis contente que tu viennes avec moi, me répond-elle. Comme ça, j'apprendrai…

— Allons-y !

Nous nous rendons à l'hôtel à pied, tout en bavardant tranquillement. J'en profite pour donner à Jazz deux ou trois conseils sur la façon de se présenter, ce qui m'évoque le souvenir nostalgique de Lydie, ma grand-mère, quand elle me disait autrefois dans la salle de bains, voyant que je me préparais à sortir en club :

— Tiens-toi droite, Magali, et mets ton corps en valeur…

À l'hôtel, Jazz est attendue par un commercial. J'ai confirmation que ce qu'elle a pris pour une « pub » est

Mes merveilleux grands-parents,
Guy et Lydie.

À cinq ans, au côté de
mon grand frère Sébastien.
Mon grand-père
nous apprend à pêcher !

À treize ans, avec
ma sœur Aurore.

Avec mon amie Fanny,
à la bravade de Saint-Tropez.

Les années fête à Saint-Tropez, avec mes amies Nathalie et Marie.

Mon premier stand dans les assurances, avec Sandrine.

Pour mon mariage, mon cousin Lionel m'accompagne sous la houppa.

Ma fille Shauna avec Patricia, ma mère.

Avec mes princesses adorées : Shauna, Shelly et Victoria.

Quand Shelly m'accompagne à Paris pour mes rendez-vous.

Premier booking avec
Amélie et Jessica.

La rencontre qui a
tout changé : Jazz.

Raphaël Pépin et ma fille Shauna.

Le sourire de Jaja
est un produit en soi !

Avec Manon Marsault.

Julien Tanti et
Manon à la maison,
avec Shelly.

Un dîner avec
Milla Jasmine…

… et avec mes amours
Jess, Julien et Kevin.

Un de nos premiers placements de produit, par Jessica… et l'un de mes préférés !

Premier placement de Manon sur Snapchat.

Julien Tanti, Manon et Martika : le masque au café qui fait rire !

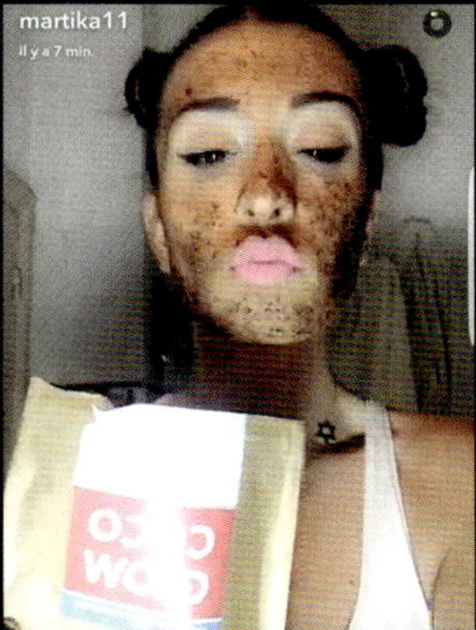

Julien ou la vie en rose !

L'une de mes plus belles rencontres : Ayem, qui n'a pas hésité une seconde à afficher sur Snapchat notre collaboration.

Adixia, tellement belle...

... et Fidji, tellement drôle !

Le placement de produit…

… le plus sexy (Milla Jasmine).

… le plus sportif (Niko Lozina).

… le plus pro (Rémi Notta).

… et le plus exotique (Fanny Salvat).

Premier rendez-vous avec Enora Malagré, Valérie Benaïm et Jean-Michel Maire...

... et première rencontre avec Cyril Hanouna !

Avec Jess, dans les coulisses de « TPMP ».

Chroniqueuse à « TPMP » : mon premier shooting photo !

Crédit photos : collection Magali Berdah.

en réalité un projet de promotion sur les réseaux sociaux. Je demande au commercial à quel réseau il pense.

— Instagram.

Son idée est d'y publier des photos de Jazz dans le décor de l'hôtel. Je décide de prendre les choses en main. La discussion se déroule presque exclusivement entre cet homme et moi. J'en viens au nerf de la guerre :

— Et vous pensiez lui donner combien ?

Quand nous sortons de l'établissement, j'ai obtenu pour Jazz un joli contrat de 3000 euros ! Elle est aux anges. Je sens qu'une question lui brûle les lèvres.

— Vas-y, lui dis-je. Exprime-toi. Je t'ai dit qu'il ne faut pas être timide.

— Magali, tu ne voudrais pas t'occuper de moi ?

Sa proposition me prend un peu de court. Certes, ma vie professionnelle tourne au ralenti. En vérité, elle est pour ainsi dire au point mort. Pourquoi ne pas me mettre en quête d'autres débouchés ? L'idée est séduisante, mais il y a un hic : je ne connais absolument rien à la téléréalité ! Ni d'ailleurs aux réseaux sociaux. Débordée comme je le suis par les difficultés financières, je n'ai guère le temps de regarder la télé et de surfer sur Internet. Facebook, Twitter, Snapchat, ce sont pour moi des abstractions. Instagram, c'est à peine si j'en avais entendu parler. Dans ce domaine, j'ai vraiment tout à apprendre. J'ai vraiment plusieurs trains de retard, mais pas de panique : en courant vite, je saurai bien les rattraper !

J'avoue à Jazz que j'ai un peu bluffé ce gentil commercial en lui laissant entendre que je savais très bien de quoi il parlait. Mais à la guerre comme à la guerre, n'est-ce pas ?

Jazz insiste :

— J'ai pas mal de marques qui me demandent…

— Et tu n'as pas d'agent pour s'en occuper ? Les chaînes de télévision ne prennent pas ça en charge ?

— Ben non…

— Raconte-moi : qu'est-ce que tu as déjà fait, comme émission ?

— « Qui veut épouser mon fils ? » sur TF1 et « Les Anges de la téléréalité » sur NRJ 12.

— Et TF1 et NRJ 12 ne s'occupent pas de toi ?

— Non, une fois que tu es sortie de l'émission, c'est fini. On ne se connaît plus. Tout le monde se sépare et chacun s'en va vivre sa vie.

Je promets à Jazz d'étudier la question et de la rappeler dès que j'aurai réfléchi.

*

En toute sincérité, j'ai soudain une furieuse envie de m'intéresser à cette affaire de réseaux sociaux. Ce sera l'occasion d'une petite mise à jour personnelle dans un domaine dont tout le monde parle et dont je ne sais rien, ou presque.

De retour au bureau, je me précipite sur Google. Je commence par me renseigner sur les programmes de téléréalité. J'essaie de découvrir comment les stars communiquent à l'ère du numérique, *via* ordinateurs et smartphones. Je m'aperçois qu'une vedette comme Kim Kardashian, par exemple, accepte chaque jour de « placer » des produits, ce qui lui assure des revenus pouvant atteindre, dans certains cas, des centaines de milliers de dollars. Comment fait-elle ? La réponse est simple : Kim a des millions de « followers » – mot que j'apprends à cette occasion !

Qui aujourd'hui obtient de tels résultats en France ? Quelques célébrités, peut-être. Personne, en tout cas, à ce niveau de rentabilité. Existe-t-il dans notre pays des agences spécialisées dans ce business ? J'apprends que non. En France, la communication tient dans un petit milieu qui n'a pas évolué depuis des années, alors que la société, elle, est en plein bouleversement. Bien sûr, quantité d'agences ont pignon sur rue pour défendre les intérêts des mannequins et des artistes, mais dès qu'il est question de téléréalité leur réflexe est toujours le même : elles se pincent le nez.

Or chacun sait que la publicité coûte terriblement cher aux entreprises. Les grands entrepreneurs développent des budgets considérables pour que leur image résiste à la concurrence. Les spots diffusés à la télévision, les affiches placardées sur les abribus, les messages audio et les photos sur papier glacé : tout cela a un prix, lequel ne cesse d'ailleurs d'augmenter.

Les jours qui suivent cette virée improvisée dans un hôtel du quartier, Jazz pousse très souvent la porte de l'agence. Comme le travail est rare, nous sommes toujours heureux de la voir et de tuer le temps en bavardant. Pour ma part, je m'efforce de mieux la connaître et d'en savoir un peu plus sur son compte. Je l'interroge sur son expérience avec les chaînes de télévision. Elle m'apprend que les participants aux plateaux de téléréalité, contrairement à la légende, ne gagnent pas des sommes astronomiques. Une fois l'émission terminée, ils sont tout bonnement livrés à eux-mêmes. Il ne leur reste plus qu'à dégotter, comme ils disent, des « bookings » dans les night-clubs, autrement dit à faire le show et à se laisser photographier en échange d'un maigre cachet – de 300 à 500 euros la séance.

Mariée et mère de trois filles, ma période discothèque est derrière moi depuis longtemps. J'apprécie Jazz, une fille très agréable et qui a besoin d'être aidée si elle veut persister dans la voie qu'elle s'est choisie ; pour autant, je n'ai pas une envie folle de m'investir dans ce milieu.

Cependant, quelque chose m'intrigue :

— Mais quand vous faites vos bookings, qui vous encadre ?

— Ben… personne.

— Mais comment vous y prenez-vous, alors ?

— À vrai dire, je ne sais pas trop…

— Moi, je sais. C'est même tout ce que je sais faire !

Et nous éclatons de rire en nous frappant dans la main.

On dirait bien le début d'une belle histoire.

*

Jazz étant niçoise, j'arrive sans trop de mal à lui organiser des bookings, non pas en boîte de nuit mais chez des commerçants qui cherchent une personne « vue à la télé » pour assurer des séances de dédicace et ameuter du monde dans leur boutique. Il suffit pour cela de lancer une opération de démarchage. Le peu de salariés qui me restent se mettent à l'ouvrage sans hésiter, tout contents de pouvoir se rendre utiles.

Dès lors, la phrase que j'entends retentir le plus souvent dans nos locaux est la suivante :

— Bonjour ! J'espère que je ne vous dérange pas ? Heureux de faire votre connaissance. Nous aimerions vous mettre en rapport avec une star de téléréalité très connue, afin d'organiser avec elle un booking qui pourrait attirer beaucoup de monde chez vous. Ce n'est pas tout : notre vedette s'engagerait à parler de votre commerce sur les réseaux sociaux…

Je ne tarde pas à constater que certains commerçants tendent une oreille intéressée.

— Combien ça me coûterait ? nous demande le propriétaire d'une boutique d'UV.

La question, bien sûr, a été anticipée. Jazz et moi nous sommes mises d'accord sur la somme de 500 euros sur lesquels je prendrai 100 euros, soit 20 % de commission.

— Je suis partant, reprend notre propriétaire de cabines à bronzer.

Je fais immédiatement imprimer des flyers avec la photo de Jazz. C'est l'occasion de faire tourner le photocopieur du bureau ! Et j'entends que les choses soient bien faites. Je souhaite que le commerçant soit satisfait : c'est fondamental pour la suite. Pour le jour de la dédicace, je vais jusqu'à convaincre un ami costaud de faire office de garde du corps.

Le projet commence à m'enthousiasmer. La nouveauté m'a toujours plu. Je suis certaine que l'événement fera le buzz en ville et que tout le monde voudra être de la fête.

Hélas ! lorsque je me présente à la boutique avec ma petite star adorable, il n'y a pas plus d'une vingtaine de personnes au rendez-vous… À notre arrivée, Jazz fait bien une petite dizaine de selfies, mais on ne peut pas dire qu'elle ait déclenché une émeute…

Le commerçant me prend à part :

— Quand est-ce qu'elle chante ?

La question me laisse stupéfaite.

— Pourquoi voulez-vous qu'elle chante ?

— Elle n'est pas chanteuse ?

— Absolument pas.

— Vous m'avez dit que Zaz allait venir chez moi. C'était bien pour chanter, non ?

— Jazz, pas Zaz ! Jazz ! Vous aurez mal compris.

— Jazz ? Mais c'est qui ?

— Jazz, c'est Jazz ! Vous la connaissez forcément. C'est une vedette de téléréalité.

— Désolé, je n'en ai jamais entendu parler.

— Vous ne regardez pas la télévision ? Une vedette de la téléréalité, c'est encore mieux qu'une chanteuse ! Du moins, si vous voulez attirer du monde dans vos cabines…

Ma starlette se fait prendre en photo dans la boutique. L'image est aussitôt postée sur Instagram.

— Vous me devez 500 euros, cher monsieur.

Encore aujourd'hui, le souvenir de cet épisode déclenche entre nous d'interminables fous rires !

*

Ce même soir, je trouve à l'entrée de mon bureau un de mes innombrables créanciers.

— Je vous attendais, me dit-il.

Mais je n'ai pas besoin d'explication. Sans discuter, je lui tends les 100 euros gagnés grâce au booking de Jazz.

— Et le reste ?

— Le reste viendra ! Bonsoir.

Voilà bien dix ans que je n'avais pas gagné un seul centime en dehors des mutuelles et des assurances.

Pour la première fois depuis longtemps, je n'ai pas eu besoin d'emprunter pour m'acquitter d'une dette, et j'en tire une légitime fierté. Cent euros, d'accord, ce n'est pas le Pérou. Mais cela me donne à réfléchir. Une lueur d'espoir se serait-elle mise à briller à l'horizon de mes ennuis ? N'est-ce pas l'issue tant attendue que j'entrevois, tout au bout de l'interminable tunnel où je tâtonne depuis tant de mois ? J'aurais tort de ne pas poursuivre un peu dans cette voie.

Jazz ne tarde pas à me présenter Vivian, un jeune homme qui vient de participer aux émissions « Secret Story 3 » et « Les Anges de la téléréalité 7 ». Les avoir tous les deux face à moi me donne l'idée d'organiser dans mon bureau une grande séance de dédicaces. Jazz et Vivian sont sympathiques, nombre de jeunes les ont vus sur le petit écran, aucun doute qu'ils vont attirer du monde.

— Je vous propose 400 euros chacun. Ça vous irait ?

Ils sont d'accord. J'envisage de faire payer deux euros le droit d'entrée à l'événement. J'explique la manœuvre à mes commerciaux, qui ne demandent pas mieux que de s'occuper : pour une fois qu'ils ont du travail, c'est presque une récréation pour eux ! Aussitôt dit, aussitôt fait : ils impriment des centaines de flyers destinés à être distribués à la sortie des lycées – car le téléspectateur fidèle à ces émissions est jeune, voire très jeune. Mais notre petit tract publicitaire rejoindra aussi les boîtes à lettres de la ville, la devanture des cafés et les pare-brise des automobilistes.

Comme j'aurai besoin de boissons et de petits fours, je demande à Samuel de me prêter 200 euros. Me voyant sourire pour la première fois depuis longtemps, il accepte de bon cœur. Pour faire bonne mesure, je lance la fabrication de soixante T-shirts à l'effigie de mes deux protégés. Le prix du T-shirt est fixé à 8 euros et j'ai bon espoir d'en écouler une vingtaine.

À la date fixée, je me rends au bureau accompagnée de mes trois filles déguisées en princesses. Pour l'occasion, mes irréductibles commerciaux ont transformé nos locaux en salle des fêtes. Je dois être un peu folle ! Il y a partout des guirlandes et des posters. Deux tables sont dressées au centre de la pièce pour les dédicaces. Dès notre arrivée, mes petites princesses se ruent sur les friandises du buffet. Les deux vedettes prennent place derrière leur table. Il ne reste plus qu'à attendre…

Mais au bout d'une heure, toujours personne. L'échec est cuisant. En fin de journée, à l'heure du bilan, c'est la déception. Nous avons vu passer en tout et pour tout trois quidams qui n'avaient sans doute rien d'autre à faire de leur journée. La recette est de 6 euros : c'est maigre. La facture des T-shirts, du buffet et des flyers est pour moi. Et il me reste devoir 800 euros à répartir entre Jazz et Vivian. Au bout du compte, je viens de creuser ma dette un peu plus.

À la réflexion, ce fiasco était prévisible. En effet, je suis étrangère à l'univers de la téléréalité. Sans la visite de Jazz, je ne m'y serais sans doute jamais intéressée. Ne regardant pas ces émissions, je n'ai aucune idée de ce qui s'y passe, du potentiel commercial qu'elles représentent, de la notoriété susceptible d'être atteinte par ceux qui évoluent sur les plateaux. Ne faisant pas partie de leur public, j'ignore en outre quel type d'émotions ces jeunes stars peuvent susciter. Qui est apprécié ? Qui est détesté ? Je n'en sais rien du tout, faute d'en avoir fait moi-même l'expérience.

Pourtant, je n'ai aucune envie de baisser les bras. Ma nature, d'ailleurs, me l'interdit. Ce qui est dit doit être fait : je n'abandonnerai pour rien au monde le projet d'aider ces jeunes à faire fructifier leur notoriété, si toutefois elle est autre chose qu'un rêve ou une fiction.

Je ne fais pas ça pour l'argent, mais parce que cette nouvelle activité me permet de sortir du tunnel. Comme par miracle, je cesse de penser aux assurances et à mes problèmes. Je suis au contact de jeunes et cela me fait un bien terrible. Je ne pense plus qu'à ça, je ne fais plus que ça. En fait, c'est plus un loisir qu'un travail. Je suis comme une gamine qui vient de se trouver de nouveaux copains. Je retrouve ma confiance, je crée, je sens que je suis au début d'une nouvelle aventure.

La plupart du staff de Shauna Events se compose déjà de mes anciens salariés ou des « rescapés » de ma société de courtage d'assurances. Ils sont les plus fidèles d'entre les fidèles. Ils ont tout vu, tout vécu, les problèmes, les nuits blanches. Je me repose sur eux comme ils se reposent sur moi.

Corine veille sur moi depuis huit ans. Elle est ma protection rapprochée, ma personne de confiance. Elle sait tout ce que j'ai vécu et se montre d'une méfiance extrême envers ceux qui seraient tentés d'abuser de ma naïveté – que je manifeste toujours envers ceux que j'aime –, et elle me défend corps et âme.

Anna, la plus douce, toujours calme, bienveillante de bonne humeur, reste fidèle dans les pires moments. Droite et d'une éducation hors pair, fille du rabbin d'Antibes-Juan-les-Pins, elle est la voix de la raison ! Quand je la consulte en cas de doute, je sais que son analyse sera toujours avisée et loyale.

Angela est une femme courageuse, qui élève seule sa fille et a su surmonter mes problèmes en plus des siens. Sa bonne humeur égaie nos journées. Elle est devenue mon amie de cœur, capable de se battre pour moi, sans renoncer à faire le clown pour me faire sourire. C'est une femme d'une force incroyable.

Dylan, que j'ai aidé à un moment dans sa vie, me le rend tous les jours par son travail et sa gentillesse. Nous sommes un peu de la même famille.

Gabsi le raisonnable a eu cette folie de me suivre et de me rester fidèle quand tout allait mal. Il est rare de savoir faire ainsi la part des choses.

Farcy fait partie de la famille, chacun l'aime ici comme un petit frère. Il est un peu l'âme de Shauna Events.

Voilà les seules personnes qui me restent, et qui ne m'ont jamais abandonnée. Chaque fois que je me suis retrouvée seule, j'ai su que je pouvais au moins compter sur elles. Dans les moments sombres, les êtres qui nous soutiennent ne sont pas toujours ceux que l'on attendait !

*

Quinze jours après ce coup d'essai, je déjeune avec Rachel, une amie qui tient une boutique de vêtements pour hommes dans le secteur piétonnier de Nice. Au fil de la conversation, je fais allusion à mes deux candidats. Rachel ne doit pas regarder les émissions de téléréalité, elle non plus, car elle n'a jamais entendu parler de Jazz ni de Vivian.

En revanche, elle connaît un peu Benoît et Martial, qui tiennent des chroniques sur NRJ 12, dans un talk-show intitulé « Le Mad Mag ». Ce sont deux garçons très jeunes et qui prennent bien la lumière. Benoît, qui est très blond, est sorti vainqueur de « Secret Story 4 ». Quant à Martial, il est arrivé en finale de la « Nouvelle Star », ce qui n'est pas rien. Quoi qu'il en soit, Rachel est prête à tenter l'expérience. Elle se dit même disposée à rémunérer les deux jeunes vedettes. Elle ne doute pas qu'ils puissent attirer la foule dans son magasin.

Jazz et Vivian me procurent volontiers le numéro de Benoît, que j'appelle pour lui soumettre le projet de booking dans une boutique du centre-ville. Booking : désormais, je n'ai plus que ce mot à la bouche ! Les deux animateurs se consultent et acceptent la proposition. Rachel se déclare tout heureuse de les accueillir.

L'expérience se solde par un nouveau fiasco. Benoît et Martial ont beau être connus, ils n'ont attiré personne. Jeunes ou vieux, les Niçois n'ont pas souhaité venir se faire prendre en photo avec eux et repartir avec une dédicace. Malgré le peu d'engouement du public, le côté « clowns », le professionnalisme et l'envie de nous faire plaisir l'emportent. Benoît et Martial sortent dans la rue, font les fous et chantent. Tout est bon pour attirer l'attention ! Ils sont tout simplement hilarants. On ne pense plus à l'argent, on s'amuse. C'est sain et bienveillant.

Rachel a vendu des costumes, mais pas plus qu'à l'ordinaire. Elle n'en consent pas moins à régler aux garçons la somme promise. Elle leur fait même cadeau de quelques habits. De mon côté, je leur demande 200 euros de commission. Mes clients ne peuvent se targuer de réaliser des prestations foudroyantes. Nous travaillons encore les uns et les autres à un très bas niveau. Je ne sais pas très bien où je vais, d'accord, mais une chose est sûre : j'y vais tout droit.

Jazz et Vivian ne se laissent pas abattre pour autant. À les entendre, il y a quelque chose à faire en faveur des jeunes qui se sont portés candidats à ces émissions et ont été retenus. Qu'il s'agisse de TF1, W9 ou NRJ 12, les productions n'ont rien prévu pour les aider à négocier leur sortie. Après avoir connu leur petit quart d'heure de gloire, ces jeunes semblent condamnés à disparaître dans la nature et à reprendre leur « vie d'avant », comme si rien ne s'était passé. Pour Jazz et Vivian, il y a là une injustice. Et je partage leur avis. Je les incite à donner mon numéro à ceux dont ils savent qu'ils ont vécu – et presque toujours mal vécu – cette même expérience. Puisque personne ne s'occupe d'eux ni ne les aide à gagner leur vie, je veux bien m'en charger.

Sans le savoir, ces jeunes m'apportent aussi beaucoup. Je suis plus détendue et je reprends confiance en mon avenir professionnel.

À la même époque, je découvre le réseau social Twitter. Au début, je trouve très amusant de s'exprimer en une seule phrase. Très vite, j'y fais la connaissance d'un jeune garçon, Xavier, qui me félicite du travail que je fais auprès des candidats. Pour me donner un coup de main, il m'aide à réaliser des flyers pour mes petits bookings, de façon très artisanale. Notre collaboration est drôle et innocente, je me suis trouvée un ami sur Twitter !

Aujourd'hui, Xavier est une des personnes sur lesquelles je me repose le plus chez Shauna Events. C'est lui qui m'a présenté Dabo. Ensemble, ils gèrent les célébrités *real* TV pour l'organisation et le relationnel avec les marques. Plus que de simples employés – ce qu'ils sont loin d'être ! –, Xavier et Dabo sont deux amis chers sur qui je peux compter. Ils m'ont appris à déléguer sans appréhension. Eux et moi, je crois que nous aurons tout vu ! Car les people passent (enfin, pas tous !), mais Dabo et Xavier sont ancrés dans mon cœur.

*

C'est ainsi que je finis par démarcher une boîte de nuit cannoise avec l'idée suivante : faire venir mes « people », qui seront rémunérés sur le prix des entrées, tandis que le night-club se paiera sur les consommations.

Le gérant de la boîte de nuit hésite :

— Mais vos people, vous êtes sûre qu'ils vont nous attirer du monde ?

— Faites-moi confiance.

L'accord est signé sur-le-champ.

Et, pour la troisième fois, c'est un échec complet.

Cette fois, je sens que le doute s'installe. Je commence à m'interroger sérieusement sur le bien-fondé de ces opérations. Bien sûr, ces jeunes passent à la télévision tous les soirs pendant une période donnée. Bien sûr, ils sont connus du public. On se rappelle leurs visages et même leur caractère, leurs sentiments, leurs réactions et leurs reparties dans telle ou telle circonstance. Mais il faut avouer qu'il y a pléthore de ces émissions, ce qui crée une rude concurrence entre les participants.

Malgré tout, je m'efforce d'y croire encore. Un instinct me souffle qu'il y a bel et bien là quelque chose à tenter, en dépit de cette succession d'échecs. Et pour commencer, je dois absolument en apprendre plus sur l'univers de la téléréalité qui, pour décrié qu'il soit dans certains milieux, n'en triomphe pas moins depuis quinze ans. C'est là un fait qu'il serait idiot de négliger.

C'est le déclic. Enfin, j'entrevois une issue. Comment n'y ai-je pas pensé plus tôt ? Ces jeunes dotés d'un certain glamour, ces participants « vus à la télévision », inutile de les mettre en vitrine : ils *sont* la vitrine ! Jazz *est* une vitrine. Vivian *est* une vitrine. Et Benoît, Martial et combien d'autres ! Avoir participé à une émission de téléréalité, c'est avoir un nombre considérable de followers, d'abonnés et d'amis sur Instagram, Twitter ou Snapchat. Là est l'avantage. Là est l'intérêt. Et nulle part ailleurs.

Je décide sur-le-champ de mettre fin à ces bookings problématiques. À partir de maintenant, toute notre communication se fera sur les réseaux sociaux de mes clients. Après un mois à étudier ce nouvel univers dans ses moindres détails et à travailler d'arrache-pied pour mettre au point et développer ce nouveau mode de communication alors inconnu en France, j'explique ma stratégie à Jazz et à Vivian :

— Une marque vous appelle pour que vous portiez un de leurs jeans ou de leurs T-shirts sur Instagram ? Parfait. Vous ne dites surtout pas non. Vous orientez la personne vers moi et je me charge de négocier avec elle. Vous n'acceptez plus aucun cadeau. Ils veulent se faire connaître grâce à vous ? Vous fournissez une prestation ? Qu'ils paient ! Tout travail mérite salaire. Il n'y a pas de raison qu'ils utilisent votre image gratuitement.

Jazz et Vivian, ravis de mon enthousiasme, applaudissent à ce discours et m'assurent qu'ils se tiendront prêts. Au prochain appel d'une marque, ils me renverront le démarcheur.

En attendant, je continue de me renseigner. Existe-t-il des sociétés spécialisées dans le placement de produits commerciaux sur les réseaux que les jeunes fréquentent, non seulement tous les jours, mais du matin au soir ? À ma grande surprise, je me rends compte que ce métier reste à développer sous nos latitudes. Mon intention, désormais, est de « placer » des produits en m'appuyant sur mes poulains…

L'excitation me gagne. J'ai vraiment le sentiment d'avoir à portée de main un concept qui peut faire florès dans un très proche avenir. Nous sommes en 2016 et le domaine est tout simplement *terra incognita*. C'est un champ de possibles que je vois s'ouvrir devant moi. Un continent inexploré !

Certes, je sais que la publicité est soumise à des réglementations drastiques. Mais qui parle de publicité ? Il ne s'agit plus de cela, mais de « promotion sur les réseaux sociaux ». Le projet consiste à créer une entreprise spécialisée dans ce domaine. Oh ! ce ne sera pas simple. L'activité n'est pas encore réglementée, elle n'est même pas reconnue, et le vide juridique est énorme. En somme, tout est à faire. Et c'est bien ce qu'il y a de plus excitant.

Première chose : trouver un nom à cette nouvelle société. Ce sera une agence, mon agence de communication, d'événementiel et de marketing social.

Assise à mon bureau, je prends ma tête entre mes mains et je ferme les yeux. Concentration… Je fais le vide en moi afin de laisser affleurer les idées. Ma première pensée est pour mes filles car ce sont elles qui ont le plus souffert, ces dernières années, des difficultés que ma famille subit par ma faute. Mon aînée, surtout, Shauna. Ma princesse dont le prénom signifie « Dieu fait grâce ». Un joli porte-bonheur… Pourquoi ne pas m'en servir, en lui donnant une connotation événementielle ? C'est avec une précision fascinante que j'envisage soudain ma future activité : du spectacle, de la promotion, du glamour…

Mais au fait, comment dit-on « événement » en anglais ?

7

Shauna Events

Shauna Events, ma nouvelle société, voit le jour en avril 2016 sous statut d'entrepreneur individuel à responsabilité limitée (EIRL). Ce régime permet d'exercer une activité professionnelle à titre personnel, tout en protégeant son patrimoine privé. De surcroît, c'est l'un des moins coûteux. À ce stade, j'en ignore les inconvénients, mais j'ignore aussi que ma nouvelle activité va se développer de façon aussi impressionnante.

Mon entreprise est une petite structure à laquelle on ne donne pas les moyens de se développer, puisque je suis toujours frappée d'interdiction bancaire. Je suis même obligée de faire intervenir la Banque de France pour que ma banque accepte de m'ouvrir un compte de société ! Le système fonctionne, non sans limitations. Ainsi, je n'ai droit ni à une carte bleue ni à un chéquier, ce qui représente une entrave considérable pour qui souhaite traiter des affaires. Plus exactement, on me consent une « petite » carte plafonnée à 300 euros par mois. En termes d'efficacité, c'est un véritable cauchemar.

Sans me décourager, je crée l'adresse mail de ma société. Sur leurs comptes Instagram respectifs, mes vedettes indiquent que les contrats promotionnels doivent être négociés avec l'agence de communication Shauna Events. Ainsi, les marques disposeront désormais d'un contact officiel. Leurs demandes arriveront directement chez moi. Jazz et Vivian sont prêts à jouer le jeu et effectuent sans attendre la mise à jour. Il ne reste plus qu'à démarcher et à attendre les propositions.

Et les choses ne tardent pas à bouger. La marque de produits alimentaires Natural Mojo est l'une des premières à se manifester pour une publication sur le compte Instagram de Jazz. Je les rappelle pour leur proposer un tarif. La personne que j'ai au bout du fil, une chargée de communication, est stupéfaite de m'entendre parler d'argent ! Elle m'explique que les sociétés ont l'habitude de remercier les petites vedettes Instagram au moyen de cadeaux.

— Ce sont tout de même des produits de marque, dit-elle fièrement.

— Certes, mais c'est de la communication. Or vous avez un budget com.

— Mais on a toujours fait comme ça…

— Je sais bien. Sauf que les méthodes changent. Les cadeaux, c'est terminé. Pourquoi vous aideraient-ils à gagner de l'argent sans en toucher une part ?

— C'est une façon de voir, en effet…

Je sens qu'elle comprend ma démarche, mais elle demande à réfléchir. En raccrochant, je ne suis pas tranquille. Et si Natural Mojo refusait de payer ? Dans ce cas, Jazz perdrait tout : le lien avec la marque, les cadeaux et l'argent promis… Mais elle réagit positivement :

— Il faut essayer encore. Il faut tenir.

C'est elle qui a raison. J'ai eu tort de m'inquiéter car la communicante de Natural Mojo ne tarde pas à me rappeler. Ils ont réfléchi à une proposition, me dit-elle, à savoir un pourcentage sur les ventes effectuées grâce à la publication Instagram. Je décide de mettre la barre un peu plus haut :

— Je regrette, mais je ne peux accepter. Ma cliente n'est pas une commerciale. Ce n'est pas une vendeuse non plus. C'est quelqu'un qui a une image. Or cette image, vous l'utilisez.

— Avec son accord.

— Naturellement. Mais vous ne pouvez pas lui demander de commercialiser un produit. Il s'agit seulement d'une publication Instagram sur laquelle apparaît votre marque. Voire d'une présentation sur Snapchat.

La chargée de communication se défend pied à pied :

— En fait, on n'a pas vraiment de budget pour les réseaux sociaux.

— Réfléchissez bien. Ma cliente ne demande pas grand-chose…

— Vous n'avez encore indiqué aucun prix.

— Cent cinquante euros ?

La négociation se prolonge. Je finis par obtenir 100 euros pour la petite promotion. Jazz touchera 80 euros et moi, 20. C'est un début.

La sauce commence à prendre. Satisfait des premiers résultats, qui sont encourageants, Natural Mojo me commande de nouveaux posts. Une relation de confiance se met en place. Jazz y trouve son compte et ne manque pas de parler de Shauna Events autour d'elle. Un bouche à oreille positif commence à produire ses effets.

Bientôt, j'accueille tous les jours dans mon bureau de nouveaux candidats. La discussion porte rapidement sur leur nombre de followers. Certains en ont beaucoup, signe d'une attractivité importante susceptible de générer des revenus.

J'ai bon moral. Je commence à croire que nous allons gagner notre pari, à condition que j'approfondisse encore ma connaissance des programmes de téléréalité. Je m'aperçois que certaines émissions bien installées, comme « Secret Story », réalisent des audiences considérables, plus importantes que celles des émissions classiques. « Les Marseillais », par exemple, une émission diffusée sur W9 et produite par Banijay, qui suit les péripéties d'une dizaine de candidats originaires de la région marseillaise. Quant aux « Anges de la téléréalité », aujourd'hui rebaptisée « Les Anges », qui ne connaît pas cette émission que diffuse NRJ 12 et que produit la société La Grosse Équipe, même sans l'avoir jamais regardée ? Le concept des « Anges » s'est inscrit dans la durée, puisqu'il tient l'antenne depuis 2011. Le plateau est une vaste maison située à l'étranger, en Australie, Californie ou Floride, etc. Les participants, anciens candidats de téléréalité, ont un objectif professionnel qui nourrit l'intérêt dramatique des épisodes, et leurs efforts sont suivis par un personnage baptisé le « Parrain des anges ».

Impossible de ne pas citer aussi « La Villa des cœurs brisés », produite par Ah ! Production et diffusée sur TFX. Comme son nom l'indique, elle se déroule dans une luxueuse villa d'Amérique latine ou des Antilles. Elle met en scène d'anciens candidats qui ont subi des déceptions amoureuses et qui doivent surmonter leurs problèmes en suivant un coaching.

Autre concept : « Le Prince et les Princesses de l'amour ». Cette émission-là est produite par Studio 89, une filiale de M6, et diffusée sur W9. Le jeu consiste à suivre l'évolution de trois séducteurs et de trois prétendants des deux sexes dont l'objectif est de rencontrer l'amour.

Une de mes amies m'a mis en contact avec Jessica Thivenin, l'une des vedettes des « Marseillais ». Je n'avais aucune idée de qui elle était. La jeune femme semble avoir du caractère et je l'invite à me rendre visite à Nice quand elle voudra. Peu de temps après, je vois entrer dans mon agence une magnifique blonde en jeans et baskets, qui se présente à moi très simplement. Je l'invite à prendre un verre à la terrasse d'un café, pour faire plus ample connaissance. Dans la rue, je suis sidérée de voir tout le monde se retourner sur son passage : pas seulement parce qu'elle est sculpturale, mais parce qu'elle est Jessica Thivenin des « Marseillais » !

Comme moi, Jessica a le contact facile et ne prend pas les gens de haut. Je découvre une écorchée vive, une fille honnête et simple, à l'opposé de l'image qui est parfois donnée d'elle. Elle m'apprend que son agent est assez négligent et ne s'occupe pas sérieusement d'elle. Je lui propose d'encadrer son activité. En moins d'une heure, nous voilà liées par une vraie affinité et par un contrat dont Jessica n'a corrigé que deux mots. Un vrai coup de foudre amical ! Le secret de cette entente, c'est que je ne cherche pas à parasiter sa notoriété, comme cela arrive trop souvent aux vedettes de la téléréalité. Leur parcours et le mien se ressemblent trop. Moi aussi, j'ai connu la galère. En somme, nous nous comprenons parfaitement. Pourquoi ne pas faire du chemin ensemble ? Ni elle ni moi ne savons ou nous allons, mais Jessica me fait confiance et c'est le plus important. Elle est une des plus belles rencontres de ma vie.

Après son départ, j'apprends que Jessica, que l'on voit régulièrement dans le zapping, est suivie par plus d'un million de followers sur Instagram. Le chiffre est énorme. Serai-je capable de lui trouver des promos ? Rien n'est jamais certain, mais si je ne réussis pas avec elle, je ne réussirai avec personne.

Le vent serait-il en train de tourner ? Début 2017, un événement marquant semble le confirmer. Personne ne m'ayant vue arriver, tout le monde s'interroge : mais quel est donc ce phénomène inconnu qui déferle sur les réseaux sociaux ? Je commence à recevoir énormément d'appels au sujet de ce nouveau métier qui fait beaucoup parler, puisqu'il concerne des célébrités. L'un d'entre eux, en particulier, me fait une forte impression : c'est un journaliste de TF1 qui souhaite tourner un reportage pour le magazine « 7 à 8 ». N'ayant rien à cacher, je suis fière d'emmener l'équipe de tournage en Allemagne, chez Natural Mojo et Hello Body, pour lui montrer une nouvelle économie en train d'émerger. Dès sa diffusion, je mesure les effets positifs de ce reportage, qui va me faire passer à un niveau supérieur…

*

Après Jessica, je signe un contrat avec Amélie Neten, une blonde incendiaire au fort caractère qui doit sa notoriété à « Secret Story », la célèbre émission de TF1. On l'a vue aussi dans « Les Anges de la téléréalité ».

J'ai connu Amélie de façon curieuse. Après avoir appris qu'elle était l'une des personnalités les plus emblématiques de la téléréalité, j'ai aussitôt cherché à la joindre. Au téléphone, elle ne semblait pas vraiment me prendre au sérieux. Il est vrai qu'elle est très sollicitée. Finalement, c'est elle qui m'a rappelé. Sachant que je travaillais à Nice, elle m'a demandé si j'accepterais de passer la prendre à l'aéroport avec sa grosse valise et de l'emmener à Saint-Raphaël. Ce serait l'occasion de faire connaissance. Sautant sur l'occasion, je demande à une amie de me prêter sa voiture, une 206 CC vert pomme dont je me souviendrai toute ma vie : je ne voulais pas décevoir ma passagère !

Arrivées à Saint-Raphaël, nous prenons le temps de bavarder. Amélie m'apprend qu'elle était gérée par Jebookunestar.com, mais que leur partenariat s'est mal passé. Elle vient d'ailleurs de rompre son contrat et ne veut plus avoir affaire à des agences de ce genre. J'ai devant moi une jeune maman encore traumatisée de s'être fait berner. Une heure durant, j'essaie de la convaincre que telle n'est pas ma vision du métier et que j'aurai à cœur de travailler en toute transparence et dans les règles. Amélie veut bien faire une tentative, mais chaque chose en son temps : pour commencer, pas question que j'aie l'exclusivité.

Mais à peine avons-nous signé qu'une magnifique relation de confiance s'installe entre nous. Je découvre une fille à fleur de peau, d'une grande douceur, qui n'a que peu à voir avec l'image que le public a d'elle. Lorsque Amélie a choisi de devenir votre amie, elle vous en donne des preuves quotidiennes. Chaque matin, elle m'envoie des petits messages de sympathie, simplement pour prendre des nouvelles :

« Coucou Magali, comment ça va aujourd'hui ? » C'est une des personnes les plus reconnaissantes que je connaisse. Elle se dit convaincue que j'ai changé sa vie, alors que c'est elle et Jessica qui ont métamorphosé la mienne. Ces stars de la téléréalité m'ont ouvert bien des portes, et le bouche à oreille a fait le reste… c'est-à-dire tout !

Et c'est encore grâce à Amélie que je fais la connaissance d'Ayem Nour. Après s'être fait connaître grâce à « Secret Story » et avoir fait une apparition avec Nabilla dans « Les Anges », Ayem est devenue présentatrice dans l'émission « Le Mag » sur NRJ 12. C'est une fille superbe qui a fait des études de lettres, avant de s'orienter vers les médias. Son parcours n'a pas été facile et, malgré son talent, on lui a jeté des bâtons dans les roues. Elle s'est retrouvée accablée de posts blessants sur les réseaux. Tantôt on se moquait d'elle parce qu'elle avait pris du poids, tantôt on lui reprochait d'avoir pour fiancé et père de son enfant un homme d'affaires milliardaire. Des jaloux ont insinué que son union était motivée par l'intérêt plus que par l'amour. La plupart de ses détracteurs ignoraient tout de son histoire et de sa vraie personnalité.

Lorsque je rencontre Ayem, elle vient de donner naissance à un petit garçon, Ayvin-Aaron. La croyant inaccessible, j'étais convaincue qu'elle ne s'intéresserait jamais à moi. Prenant mon courage à deux mains, je l'ai quand même appelée. Aussitôt, elle m'a donné rendez-vous à NRJ 12. Et, très vite, un lien très fort s'est établi entre nous.

Ayem n'accorde pas son amitié à tout va, mais lorsque vous l'avez méritée, elle vous en donne des preuves qui dépassent ce que l'on est en droit d'attendre d'une amie. Lorsque ma mère a fait un AVC, Ayem a pris le premier avion pour m'accompagner à l'hôpital et me soutenir plusieurs jours durant. Une autre fois, m'entendant pleurer au téléphone parce que j'avais un gros coup au moral, elle a sauté dans une voiture avec son assistante et roulé de Paris à Juan-les-Pins, de nuit, simplement pour venir me consoler. Elle n'a même pas pris le temps d'emporter des vêtements de rechange et, surprise par l'orage, elle a dû faire halte à mi-chemin dans un hôtel de troisième ordre, avant de pouvoir reprendre la route. Une fois de plus, elle n'avait écouté que son cœur. Et, lorsque je l'ai vue arriver le lendemain matin, elle avait trouvé le moyen d'acheter un bouquet de fleurs. Cette anecdote est le meilleur portrait que je puisse faire d'elle.

Dévouée en amitié, Ayem est devenue comme une sœur. C'est d'ailleurs ainsi que nous nous appelons entre nous. Sa volonté de fer, son courage et son professionnalisme forcent mon admiration. Ni elle ni moi n'attendons rien de personne ; nous nous débrouillons par nous-mêmes, et c'est ce qui fait à la fois notre entente et notre force.

Ayem me protège et me conseille. Elle m'ouvre des portes. Nous nous entraidons. Je suis à côté d'elle lorsqu'elle rencontre des difficultés avec le père de son fils.

— Quoi qu'il arrive, me dit-elle dans son chagrin, il reste le père de mon fils. Je le respecte, je l'admire, je ne lui causerai jamais de tort. C'est un homme bien.

De même, malgré la suppression de son émission, Ayem est restée d'une correction et d'une fidélité sans faille vis-à-vis de Stéphane Joffre, le directeur de l'antenne de NRJ 12.

— Stéphane est mon ami, me dit-elle. Je ne m'élèverai jamais contre cette chaîne car je ne veux pas lui faire du tort.

*

Trois mois ont passé depuis mes débuts dans ce qu'il faut bien appeler un nouveau monde.

Je veille désormais aux destinées de toutes les vedettes de la téléréalité ou presque. Tout le monde signe avec moi, tous et toutes indiquent sur Instagram une adresse désormais bien connue dans le milieu : pro@shaunaevents.com. Et ce lien fait parler ! Beaucoup d'internautes se demandent ce que signifie ce sigle mystérieux présent dans l'adresse mail des candidats aux émissions de téléréalité sur Insta.

Ma responsabilité est énorme et je veux être en règle. Pour ce faire, je me rends à l'ARPP, l'Autorité de régulation professionnelle de la publicité. M. Mansouri me reçoit et me demande l'objet de mon rendez-vous.

— J'ai un gros travail, un vrai cadeau du ciel, et je ne veux pas le faire n'importe comment. J'ai besoin de votre aide. Pourriez-vous me dire si, juridiquement, tout est correct ?

— Nous avons déjà repéré Shauna Events, me répond-il. En effet, il y a un vide juridique autour de votre activité. Je suis en train de créer une fiche de réglementation. Je suis ravi de votre venue car vous allez me donner votre point de vue.

Je trouve auprès de M. Mansouri une vraie écoute. Il m'apporte de précieux conseils et m'explique en détail la réglementation dans ce domaine. Shauna Events peut désormais poursuivre ses activités en toute tranquillité.

De mon côté, je m'emploie d'emblée à apprendre à mes célébrités comment travailler dans les respects de la législation. À cet égard, je ne peux et ne veux permettre aucun écart. Cela les effraie un peu car, pour la plupart, ils n'ont suivi aucune formation de gestion. Je leur montre comment s'y prendre. À chaque nouvel arrivant, la leçon recommence. Je les amène à comprendre qu'ils travailleront à leur compte. Et c'est moi, Magali l'endettée, qui me retrouve à leur vanter les mérites de l'Urssaf : si on m'avait dit cela il y a encore un an ! L'avantage, pour eux, c'est que leur carrière ne dépend que d'eux-mêmes. Ce ne sont pas des mannequins, ils sont libres. À eux de créer leur propre relation avec le produit qu'ils acceptent de promouvoir. Ils peuvent le présenter comme bon leur semble. Par exemple, ils ont tout à fait le droit de poster sur Snapchat une petite vidéo et d'expliquer à leurs followers comment eux aussi pourront se procurer le produit en question. Il en va de même pour les photos.

Me rappelant que Natural Mojo avait demandé à être rémunéré au pourcentage, je propose de mettre en place un « code promo » affecté à tous les participants pour aider les marques à quantifier leur retour sur investissement. Ainsi, il devient très facile d'évaluer qui vend bien, qui vend moins, qui reste à la traîne ou rencontre une baisse de popularité. Dans ce dernier cas, il nous est même possible, mes protégés et moi, d'analyser les raisons d'une perte de confiance auprès du public et, le cas échéant, de corriger le tir. Ce nouveau métier a désormais un nom : celui d'e-influenceur.

Les premières marques qui se sont adressées à Jessica Thivenin pour obtenir une prestation n'ont pas eu à le regretter : la jeune femme cartonne sur les réseaux et devient dans ce domaine une des personnalités les plus *bankable*. J'ai le souvenir d'avoir fêté ses 2,5 millions de followers. Lorsque Jessica prête son image à une marque de brosse à cheveux lissante, le fabricant est submergé par les commandes, au point de devoir changer ses serveurs pour absorber le trafic généré sur son site. Jessica, on s'en doute, est très heureuse de ce résultat. Et je ne le suis pas moins de voir que notre collaboration porte ses fruits. Au-delà du business, nous devenons assez vite d'excellentes amies. J'aime cette fille pour un tas de raisons. Je peux dire que nous sommes devenues très proches. Combien de nuits passées à la maison à rire ensemble devant la télévision en chaussettes et pyjama !

Quand je rencontre Carla Moreau des « Marseillais », elle a tout juste dix-huit ans, ce qui fait d'elle la plus jeune candidate de téléréalité. Carla a la particularité d'être perfectionniste et consciencieuse. Elle prend son job très au sérieux. Elle passe un temps fou à fignoler les montages de ses promotions, à tel point qu'elle est devenue une référence pour les autres candidats. Elle travaille beaucoup ses posts sur Snapchat, écrit ses textes et soigne sa mise en scène. Chaque promo exige d'elle quatre heures d'efforts, de rectifications, de recadrages et de peaufinage. Elle n'a pas encore beaucoup de followers, mais les marques montrent ses vidéos en exemple. Si quelqu'un ne sait pas comment s'y prendre, on lui envoie les snaps de Carla !

Avec le temps, à force d'accumuler de l'expérience, j'espère aussi améliorer l'image des candidats devenus mes « enfants » ; c'est pourquoi je concentre mon attention et la leur sur le travail, en laissant tomber les bookings en boîte de nuit qui ne sont au fond qu'une perte de temps.

J'ai le plaisir et la fierté de voir les marques s'adapter sans tarder à ma façon de travailler. Ce qui n'existait pas voilà quelques mois commence à devenir la règle. Autrement dit, l'activité se professionnalise. C'est avec un sentiment de satisfaction que j'assiste à un phénomène prévisible : une à une, les marques mettent en place des budgets « promotion sur les réseaux sociaux ». En conséquence, j'augmente un peu mes prix. Et les résultats sont au rendez-vous : je peux enfin rembourser mes dettes, penser à autre chose et chasser le spectre de la dépression chronique qui rôdait autour de moi depuis tant d'années. Pour la première fois depuis longtemps, je me sens libre de mes mouvements, je maîtrise enfin mon destin. Je suis une chef d'entreprise reconnue et j'ai l'intention de travailler vite et bien. Désormais, je sais d'où je viens et je sais où je vais. L'horizon s'ouvre devant moi. Plus rien ne m'arrêtera.

*

J'ai rencontré Milla Jasmine au début de mon activité. Elle fut parmi mes premières célébrités et j'ai pour elle une affection toute particulière. Elle n'a pas seulement un physique de rêve. C'est une fille respectable, gentille et bien éduquée, intelligente et sensible. Milla s'exprime très bien, d'une voix douce et posée. Je vois en elle une star, promise à un grand avenir. Peut-être pour cette raison, elle est une de celles qui se font le plus lyncher sur les réseaux sociaux. Cette méchanceté gratuite me fait mal, mais, étonnamment, ça ne l'atteint pas. Elle n'y prête aucune attention. J'admire sa force et sa tranquillité.

Je me souviens avoir géré une situation de crise alors qu'elle participait au jeu « Moundir et les apprentis aventuriers ». Un soir, je reçois un appel catastrophé de son ami. La presse vient de révéler qu'il est marié et a des enfants ! Peu importe les faits, ce qui m'intéresse, c'est Milla. Que dois-je faire ? La prévenir, mais comment lui présenter la situation ?

Après réflexion, j'appelle sa mère. Ensemble, nous décidons de demander à la société de production de lui cacher l'information. Je connais Milla par cœur. Je sais combien elle rêvait de participer à cette émission. Je ne veux pas lui gâcher son plaisir. Nous ne voulons pas la troubler durant l'émission.

À sa sortie, Milla m'a remerciée de l'avoir préservée. Mon travail, c'est aussi cela : en cas de nécessité, prendre des décisions dans l'intérêt de mes protégés et les conseiller au mieux. Ma mission ne s'arrête pas seulement aux placements de produits. Des relations très proches, quasi familiales, c'est aussi cela qui fait le succès de Shauna Events.

J'ai aussi fait la connaissance de Raphaël Pépin, dont Vivien m'a donné les coordonnées. Il a commencé par m'envoyer balader, car tant de gens l'appellent pour rien ! Et puis, petit à petit, me voyant avancer, Raphaël s'est rendu compte que mon projet tenait la route. Une grande amitié est alors née entre nous. Sa relation avec Coralie Porrovecchio m'a particulièrement touchée. J'ai rarement vu un homme aussi amoureux ! Jamais je n'aurais cru qu'une personne si fière soit touchée à ce point. Je pense qu'il aura toujours en lui cet amour indestructible pour Coralie. Raphaël est un grand sensible, mais quand il aime, il aime vraiment ! S'il y a un couple authentique et passionné dans l'univers de la téléréalité, c'est bien celui qu'il forme avec Coralie.

*

Si mes clients sont très demandés, c'est parce qu'ils ont beaucoup de followers. Une importante activité sur les réseaux sociaux est la condition *sine qua non* de la réussite : elle ouvre la porte au placement du produit. J'observe pourtant que les grandes stars de la musique ou du cinéma continuent de recourir aux formes traditionnelles de publicité – spots télé, affiches et pleines pages dans les magazines. C'est pourquoi j'aimerais me diversifier, convaincre d'autres célébrités de rejoindre mon agence, toucher des personnalités en vue et des présentateurs vedettes. Si je veux que mon entreprise grandisse pour de bon, à moi d'élargir mon domaine de compétence. C'est pourquoi je me passionne de plus en plus pour ce qui se passe sur cette scène extraordinaire qu'est le PAF, le « paysage audiovisuel français ».

Hélas, les quelques vedettes dont je réussis à me procurer les coordonnées me font toutes la même réponse : c'est non ! Elles craignent de se dévaluer en se mettant au même niveau que les candidats des programmes de téléréalité. Si je veux avoir la moindre chance de les intéresser, je ne vois donc qu'un seul moyen : parvenir à signer avec une personnalité ouvertement hostile à la téléréalité !

« Touche pas à mon poste ! », *alias* TPMP, le célèbre talk-show de Cyril Hanouna, est alors l'émission la plus regardée par les jeunes. L'une de ses chroniqueuses a justement pris pour cible les programmes de téléréalité : elle s'appelle Enora Malagré. Plus je l'observe, plus je me dis qu'elle doit rejoindre au plus vite ma famille Shauna Events. Si je parviens à l'attirer, je sors de ma zone habituelle, je cesserai d'être étiquetée « téléréalité ». Je pourrai aspirer à un autre univers, plus vaste, plus varié, et développer tous les types de personnalités de mon agence. Sans rien dire des autres contacts que pourrait me gagner l'influence d'Enora. Mais comment parvenir à entrer en contact avec elle ?

La solution vient de Benoît, le chroniqueur de NRJ 12 qui avait accepté de participer à un booking dans la boutique de vêtements de Rachel, à Nice. Il a son numéro.

— Je peux l'appeler de ta part, tu crois ?

— Bien sûr, Magali !

À cette époque, faute de mieux, je continue de travailler dans les locaux de mon cabinet d'assurances. Et j'avoue que je me sens un peu timide au moment d'appeler une grande star de la télé pour me présenter dans de telles conditions. Mais je me jette à l'eau, comme je l'ai toujours fait. Et, à ma grande surprise, Enora me réserve un accueil des plus chaleureux. Elle se déclare tout à fait disponible pour discuter et échafauder des projets. Au téléphone, elle me tutoie sans crier gare :

— Pas de problème, ma petite chérie ! Tu es sur Paris ? On prend un verre ? Tu m'expliqueras en quoi consiste ton activité.

Rendez-vous est pris. Je n'en reviens pas que la chroniqueuse vedette de TPMP ait accepté de me rencontrer aussi facilement… mais je tremble un peu de la rencontrer en vrai ! Je suis si heureuse que j'appelle aussitôt Samuel pour tout lui raconter. Comme toujours, il a à cœur de partager ma joie et de m'encourager.

Alors que je viens à peine de raccrocher, le téléphone sonne de nouveau. Une voix d'homme. Un client, me dit-il. Il souhaite changer de mutuelle. Je l'écoute patiemment, en me mordant les lèvres. Comment devinerait-il que le seul mot de « mutuelle » me donne envie de hurler ? Ce jour-là, je comprends que j'ai vraiment changé d'univers et que tout retour en arrière est désormais impossible. Shauna Events n'est plus une simple option, c'est devenu toute ma vie. J'ai l'impression de naître une seconde fois, d'avoir changé de peau.

Il est vrai que mes nouveaux choix ont transformé mon existence. Enfin, j'ai le sentiment de m'épanouir, tant moralement que physiquement. Financièrement aussi. Cet appel d'un « client » me pousse à réfléchir. Mon quotidien s'est transformé. Mon entreprise décolle. Ma vie désormais est ailleurs : assurances et mutuelles appartiennent vraiment au passé. C'est la fin de treize années d'angoisse, d'expédients et de cauchemars.

*

Je rencontre Enora dans un institut de beauté tenu par une de ses amies. Nous discutons pendant une heure. Je lui explique le principe de la promotion sur les réseaux sociaux. Le concept semble nouveau pour elle, comme il l'est du reste pour la plupart des gens car tout change très vite, alors, dans l'univers du commerce et de la communication. M'appuyant sur la notion de « pub 2.0 », je lui démontre qu'avec sa notoriété et sa personnalité elle pourrait gagner beaucoup en publiant sur Instagram des photos où apparaîtraient des produits ou en postant de courtes vidéos sur Snapchat.

— Aux États-Unis, lui dis-je, tout le monde fait ça. C'est déjà passé dans les mœurs.

J'ai préparé une liste d'exemples. Enora prend le temps de la consulter. Je devine que j'ai piqué sa curiosité. Son instinct médiatique lui souffle qu'il y a là, en effet, un domaine à explorer. Au-delà de son intérêt propre, je vois bien qu'elle est tout simplement désireuse, si elle le peut, de me donner un coup de main. En cela, Enora est l'inverse de l'image qui est la sienne dans les médias : c'est une fille adorable, qui a le cœur sur la main.

Cependant, quelque chose la tracasse.

— Quoi donc, Enora ?

— L'adresse mail Shauna Events. Il faudra vraiment qu'elle figure sur mon compte Instagram ?

Je vois bien où se situe le problème. Enora vivrait mal d'être la seule vedette de la télé à exposer cette adresse, alors qu'elle n'est pas issue de la téléréalité et qu'elle dénigre ce type de programmes à longueur de chroniques ! Elle semble désolée.

— Si je suis la seule à faire figurer l'adresse de ta boîte sur mes réseaux, insiste-t-elle, je vais me faire allumer. J'en ai marre, tu sais, de me faire lyncher ! Ça va un temps…

Pour moi, tout s'arrête là. J'ai réussi à convaincre Enora de l'intérêt du concept : sur ce point, je n'ai aucun doute. Mais il y a un blocage : elle non plus ne veut pas qu'on l'assimile à la téléréalité. Pas question qu'elle soit la seule de son niveau à tenter l'expérience, si prometteuse soit-elle. Je lui dis combien je le regrette, tout en cherchant désespérément une idée pour relancer la discussion, quand elle m'interrompt :

— Attends, Magali, il y aurait peut-être une possibilité. Je veux bien démarrer avec toi, à condition que ce soit de concert avec mes collègues de « Touche pas à mon poste ! ». Dans ces conditions, ça pourrait peut-être marcher.

Je comprends sa démarche : s'ils sont plusieurs à franchir le pas, le risque sera moindre d'être prise en grippe. Enora est une fille sensible, qui souffre des critiques dont elle est l'objet. C'est aussi une femme courageuse, qui n'hésite pas à s'exposer en dépit des agressions que lui vaut son métier. En tout cas, l'idée de me rejoindre en compagnie de plusieurs autres stars me paraît excellente à plus d'un titre, pour ne pas dire inespérée ! Et d'autant meilleure qu'elle est venue d'elle.

L'instant d'après, nous allumons nos smartphones et Enora me donne des numéros à appeler de sa part : Valérie Benaïm, Jean-Michel Maire, Camille Combal, Jean-Luc Lemoine et Matthieu Delormeau. Tous sont célèbres. Tous sont chroniqueurs dans l'émission à succès de Cyril Hanouna. J'avoue que je n'en demandais pas tant. Ce n'est pas une personnalité télé que je vais faire venir dans mon agence, mais peut-être quatre ou cinq d'un coup. Et cela, je le dois à Enora, sans contrepartie. C'est vraiment une chic fille. Je ne l'en remercierai jamais assez.

*

Suite à notre rencontre, je commence par appeler Valérie Benaïm. Je fais sa connaissance dans un café parisien, fin juin 2016. Valérie, elle aussi, accueille mes explications avec enthousiasme. J'ai l'impression de lui révéler un univers inconnu, comme si je sortais un lapin de mon chapeau ! Seul obstacle, elle n'a pas de compte Instagram.

— Tiens, dit-elle en me tendant son portable. Aurais-tu la gentillesse de m'en créer un ?

Moment d'embarras : moi non plus, je ne sais pas créer de compte Instagram ! En fait, je ne connais pas grand-chose au fonctionnement des réseaux sociaux, alors que je suis censée être une professionnelle. Situation pour le moins paradoxale ! Heureusement, Angela, mon assistante, est dans les parages. L'air de rien, je lui demande de nous rejoindre et de s'occuper de tout. En un clin d'œil, nous créons le compte Instagram de Valérie, dont la première image – postée par nos soins – est une vue imprenable sur nos deux Coca zéro ! Par la suite, elle se découvrira une passion pour ce réseau social et y ouvrira un blog. Mais elle ne placera jamais aucun produit, même si elle fera figurer mon adresse mail sur son compte, dans le seul but de me soutenir.

Je sors de ce rendez-vous transportée d'optimisme, certaine que ma vie va changer et que j'en aurai bientôt fini avec les galères à répétition. Dans un geste de grande générosité, Valérie s'est même emparée de mon téléphone pour ajouter tout un tas de contacts à mon carnet d'adresses ! Je peux dire qu'Enora et Valérie ont été et sont encore pour moi d'authentiques anges gardiens. Quelque part dans le ciel, une bonne étoile m'a guidée jusqu'à TPMP. Je ne suis pas près de le regretter. Même si, sur mon smartphone, les nombreux messages en absence me rappellent que mes créanciers sont toujours aux aguets, tels des fantômes issus de ma vie passée.

*

Dès la semaine suivante, les rendez-vous s'enchaînent comme des dominos. Jean-Michel Maire, dans la foulée d'Enora et de Valérie, est le premier à me dire oui. J'appelle de sa part Matthieu Delormeau, légèrement stressée à l'idée de rencontrer le beau gosse médiatique de TPMP. Matthieu me reçoit dans son bureau avec Guillaume, son associé et Winnie, son assistant. Je suis tellement heureuse de faire sa connaissance que rien ne se passe comme prévu : au lieu de parler réseaux sociaux et placement de produits, c'est parti pour une heure de fou rires et de bavardage ! J'ai l'impression d'assister à un show improvisé. Quant au concept de Shauna Events, pas la peine de lui faire l'article : Matthieu connaît le système et me donne d'emblée son accord de principe – par solidarité avec ses camarades de plateau, m'explique-t-il. Je n'en reviens pas. Pourquoi ces professionnels aguerris des médias choisissent-ils de me faire confiance aussi vite ?

Désormais, quatre personnalités médiatiques – hors téléréalité – invitent les marques à passer par Shauna Events pour leur promotion : Enora Malagré, Jean-Michel Maire, Valérie Benaïm et Matthieu Delormeau. J'en suis vraiment fière, heureuse et presque surprise. En fait, j'ai surtout l'impression d'avoir trouvé une bande de copains qui vont de l'avant sans se poser de questions et partagent un peu mon état d'esprit. Quand on a vécu toute sa vie en province, on imagine que les stars de la télévision gagnent des fortunes. Rien n'est moins vrai et j'ai tôt fait de m'en rendre compte. Les journalistes et les chroniqueurs qui travaillent sur la TNT ne se prennent pas pour des nababs et ne roulent pas sur l'or, loin de là ; aussi ne sont-ils pas fâchés d'avoir de temps en temps des rentrées d'argent supplémentaires.

Tous les quinze jours, je monte à Paris avec les articles – vêtements, thés, bonbons, crèmes, produits de beauté, etc. – dont ils sont chargés de faire la promotion. Comme je suis la seule à apporter les produits, le mieux est encore d'aller les retrouver sur leur lieu de travail, où je pourrai les rencontrer tous à la fois.

En mai 2016, je suis impressionnée d'entrer pour la première fois dans les coulisses de « Touche pas à mon poste ! ». Je bavarde avec Enora qui se maquille dans sa loge. Nous entendons dans le couloir la voix de Cyril Hanouna, qui passe la tête et me lance :

— Bonjour, toi !

Je suis tétanisée. Lui, au contraire, affiche une décontraction parfaite. Tout ce que je veux, c'est une photo avec lui. Une photo que j'ai bien l'intention d'envoyer à toute ma petite famille ! Très gentiment, Cyril accepte de poser avec moi. Là d'où je viens, sa notoriété est comparable à celle du président de la République ! Alors, ce selfie, pour moi, est comme une consécration.

Cyril, qui me croise et me salue toujours gentiment depuis des mois, finit un jour par m'aborder :

— Tu es qui, toi ? Tu fais quoi ?

Stupéfaite qu'il m'adresse la parole, je ne puis que répondre :

— C’est compliqué, je vous expliquerai…

En réalité, Cyril sait parfaitement qui je suis. Naturellement, il a d’abord été méfiant, craignant que je ne me serve de son image à mon profit. Certaines agences peu scrupuleuses se sont déjà servies du logo de TPMP pour organiser des bookings sans son accord et il n’a pas apprécié. Mais il voit bien que je suis une bosseuse et que je m’entends à merveille avec les membres de son équipe. Je débarque régulièrement dans les studios chargée de cadeaux et de colis, il ne comprend pas trop à quel trafic je me livre dans les coulisses de son émission, mais il est bienveillant. Il aime ceux qui se démènent. Sur ce point, nous nous ressemblons. La persévérance, le goût de l’effort, l’envie de réussir, Cyril aime ça et sait le reconnaître au premier coup d’œil, surtout si c’est fait avec le sourire. Il s’empare de mon téléphone :

— Donne-moi ça.

D’autorité, il ajoute son numéro à la liste de mes contacts et ajoute :

— Si tu as un problème, n’importe quoi, n’hésite pas à m’appeler.

Je suis sous le choc ! Cyril m’accueille comme si j’étais sa petite sœur. En moins de temps qu’il ne faut pour le dire, me voici adoptée dans la petite famille TPMP. Je ne lui ai jamais demandé son aide, quoiqu’il me l’ait proposée à maintes reprises. Mais entre nous un lien fraternel s’est établi que rien ne rompra.

*

Ce métier, le placement de produits sur les réseaux, commence à faire parler de lui. Mes chroniqueurs de TPMP font désormais de la publication sponsorisée. Mais, chose étrange, les gens de télévision font moins vendre que ceux de la téléréalité. L'explication est simple : les « Anges » sont bien plus actifs sur les réseaux sociaux, qui sont en quelque sorte leur milieu naturel. En outre, ils font généralement d'excellents vendeurs. Tandis que les personnalités du petit écran, telles qu'Enora ou Valérie, ont une belle image qui renforce l'attractivité de Shauna Events.

Un jour, le programmateur de « Touche pas à mon poste ! » m'apprend que le sujet sera très bientôt abordé dans l'émission et me demande à brûle-pourpoint :

— Tu accepterais d'être chroniqueuse médias ?

Chaque semaine, en effet, les chroniqueurs de l'émission accueillent un « expert médias » sur un thème précis. Cette fois, ils ont pensé à moi…

— Une interview dans TPMP ? Oui, bien sûr. Je suis très flattée…

— Mais tu seras libre de parler ?

— Je demanderai l'autorisation à mes people. S'ils ne veulent pas que leur nom soit cité, je ne citerai pas leur nom. C'est aussi simple que ça.

Jessica Thivenin, Enora Malagré et Matthieu Delormeau me donnent leur accord en toute confiance. Je suis vraiment « aux Anges », si je puis dire, de voir enfin tomber le tabou de l'argent. Au début, certains de mes clients refusaient en effet d'aborder le sujet de leurs gains. Mais les mentalités évoluent et j'en suis la première satisfaite.

La gorge asséchée par le trac, je m'apprête donc à faire ma première chronique sur C8 en tant qu'experte des médias dans « Touche pas à mon poste ! ». J'ai déjà participé à une émission sur NRJ 12, mais l'audience, ici, est décuplée. Par ailleurs, ma présence sur le plateau de Cyril Hanouna va me donner une forte visibilité. C'est aussi une formidable publicité pour Shauna Events. Enfin, ma réputation retrouve des couleurs ! Moi qui croyais ne plus avoir à Nice un seul ami, me voici de nouveau convoitée ! Sur mon smartphone défile une ribambelle de messages envoyés par d'anciennes copines.

L'expérience m'ayant énormément plu, je ne demande qu'à la renouveler. Cette exposition médiatique est une chance pour Shauna Events. Or, je ne suis ni journaliste ni animatrice. Je suis une nana dégourdie, une bosseuse qui a su règlementer un métier tout neuf et le faire passer, en France, au stade industriel. Mais passer à l'antenne est aussi un métier ! Je n'en maîtrise pas encore tous les codes et, même si j'apprends vite, je ne suis pas du tout satisfaite de mes premières prestations.

Certes, j'adore être à l'antenne et j'ai l'orgueil de penser que cela se voit. Mais je dois travailler encore pour trouver mon personnage. Cyril, du reste, me le fait savoir sans détour. Un jour que je lui demande conseil, il me répond simplement avec un sourire :

— Kiffe.

Alors je kiffe.

C'est pourquoi je travaille d'arrache-pied, m'efforçant par tous les moyens de dénicher des infos sur les sujets abordés dans l'émission. Je me démène pour progresser. Cyril le voit. Il m'encourage. Il aime les gens qui se battent pour réussir, aller aussi loin que possible et saisir leur chance.

C'est encore grâce à lui que je serai engagée dans une autre émission de C8: « C'est que de la télé ! » Encore un talk-show, mais animé par Julien Courbet. Sur le plateau, on s'intéresse à l'actualité des médias d'un point de vue strictement professionnel. On me positionne en tant que spécialiste de la téléréalité et des réseaux sociaux. J'ai trouvé ma place. Par bonheur, c'est un format plus court que « Touche pas à mon poste ! ».

*

Dès la rentrée 2017, j'intègre « Touche pas à mon poste ! » en tant que chroniqueuse hebdomadaire. Cette promotion, je la dois à Cyril. Nous avons beaucoup discuté, il a souhaité mieux me connaître et sait désormais quelles épreuves il m'a fallu traverser avant de me trouver sous les sunlights des studios. Il sait que j'ai dû me battre, que j'ai longtemps joué de malchance. Par certains aspects, mon parcours chaotique doit lui rappeler quelque chose de sa propre vie. En tout cas, il se montre protecteur, chaleureux et prévenant. Son amitié est une des meilleures choses qui me soient arrivées. Cyril est toujours prêt à rendre service. À la moindre difficulté, il m'assure :

— Tu n'es pas seule ! Attends, je vais régler ça.

Le patron rêvé ! Mais aussi le frère que chacun – ou chacune – rêverait d'avoir. Cyril est une des plus belles rencontres de ma vie.

Cyril n'est pas le seul à m'encourager. Gilles Verdez, lui aussi, a plus d'une fois pris le temps de m'aider à travailler mes interventions. Gilles, c'est l'homme qui crie tout le temps en plateau ! Mais dans les loges, il est bien plus calme et très gentil. Je le sais et cela me sécurise beaucoup. Quand nous sommes devant les caméras, je cherche son regard pour qu'il m'indique si je ne m'éloigne pas trop du sujet. Et, quand l'émission est finie, c'est à lui que je m'adresse en premier pour demander :

— Alors ? J'étais comment ?

J'ai toujours droit de sa part à une réponse bienveillante. Gilles prend le temps de déjeuner avec moi, de m'écouter et de me conseiller – en un mot, de me coacher.

Il en va de même avec Thierry Moreau qui, un jour, m'invite à déjeuner dans le simple but de savoir qui je suis et ce que je fais. Je lui raconte mon parcours comme je l'ai fait dans ces pages. Je suis touchée par son hypersensibilité, qui trouve en moi un écho. Quelques mois plus tard, paraît dans *Télé 7 jours* un article sur le placement de produits. Thierry Moreau est également le directeur de l'hebdomadaire. Son papier brosse de moi un portrait flatteur : je fais mon travail dans les règles, au sein d'un domaine d'activité qui vient de voir le jour. J'ignorais qu'il préparait quelque chose sur ce sujet. Lui-même n'y pensait pas lorsqu'il a demandé à me rencontrer. Je suis d'autant plus émue qu'il a procédé avec une grande délicatesse et une saine curiosité. Et puis, un papier dans *Télé 7 jours*, c'est encore de la publicité pour mon entreprise !

D'ailleurs, tout s'accélère. Chaque nouveau contact suscite d'autres rencontres. Je ne cesse plus de croiser des gens célèbres ; chaque fois, je m'efforce de les convaincre qu'ils ont tout à gagner en rejoignant Shauna Events.

C'est ainsi qu'un jour, Jessica m'apprend qu'à la faveur d'une accalmie entre deux tournages un certain Julien Tanti va m'appeler de sa part pour faire connaissance.

— Julien qui ?

— Tanti ! C'est le numéro un des « Marseillais » !

Avec Kevin Guedj, il est l'autre vedette masculine de l'émission diffusée sur W9. Tous deux bénéficient d'une forte notoriété et possèdent déjà leur propre marque de vêtements. Mais plusieurs voix me mettent en garde : Julien et Kevin seraient de rusés renards. Ils risquent de rester chez moi le temps d'apprendre le job, puis ils lanceront leur propre boîte en copiant mon concept. D'un autre côté, Jessica Thivenin ne cesse de leur vanter mes mérites. Un rendez-vous s'impose.

Julien et Kevin sont jeunes, je les trouve drôles et ambitieux. De toute évidence, nous sommes sur la même longueur d'onde. Dès leur premier contrat chez moi, ils se montrent très professionnels et très sérieux. Je peux même dire qu'ils sont parmi les plus loyaux. J'en veux pour preuve l'anecdote suivante. Un jour, Julien m'appelle pour me dire qu'il a été contacté par une agence concurrente.

— Le gars m'a proposé 50000 euros par mois, à condition que je parte de chez toi, *frate*.

— Ah bon ? Et tu lui as répondu quoi ?

— *Frate !* Même pour 100000 euros, je ne partirai pas. Je mange chez toi, je connais ton mari, tes enfants… Tu m'as apporté ce que personne n'a jamais su m'apporter à la télé. Jamais je ne te quitterai !

Voilà quel genre d'hommes sont Kevin Guedjer et Julien Tanti. Des garçons dont on m'avait dit de me méfier ! Comme quoi il ne faut jamais se fier aux on-dits et toujours se faire sa propre opinion.

Quant à Kevin, c'est un écorché vif, profondément gentil : quand lui a été soumise une offre similaire, sa réaction a été la même que Julien. Je sais que je peux toujours compter sur lui comme il peut compter sur moi. Il a une telle réputation de coureur qu'on le surnomme «le jaguar»! Malgré l'histoire mouvementée du couple qu'il forme avec Carla, le fait est qu'ils s'adorent et qu'ils ont besoin l'un de l'autre.

*

Alors que je souhaite développer un département musique, Ayem me recommande à son amie Vitaa. Coup de foudre professionnel. Je lui explique, ainsi qu'à ses agents, mon projet d'intégrer dans des clips des placements de produits. Vitaa est emballée par l'idée. Dans son clip «Comme Dab», nous placerons sept produits. Grâce au budget accru, Vitaa a pu ainsi faire travailler plus de cinquante intermittents du spectacle.

Tout en discutant, nous évoquons son amie la chanteuse Diam's, dont j'apprécie la musique et les textes. Sans attendre, Vitaa l'appelle :

— Je suis avec une amie qui adorerait faire ta connaissance.

— C'est Diam's ou Mélanie qu'elle veut voir ?

— Mélanie.

Quelques jours plus tard, Mélanie me rejoint avec son fils à mon hôtel, les bras chargés de cadeaux. Nous discutons tout l'après-midi comme deux vieilles copines. Rencontre magique. Je découvre une femme sensible, simple et généreuse, qui me parle à cœur ouvert, avec simplicité. Sans le savoir, Mélanie m'a rendue plus forte. Elle est si bien dans sa peau, si apaisée, que sa sérénité a déteint sur moi. Une rencontre sans business, juste pour mon être. Merci, Vitaa, pour ce beau cadeau !

Et, comme un bonheur n'arrive jamais seul, je fais peu de temps après la rencontre de Maître Gims et de sa femme, DemDem. C'est encore Ayem qui nous a présentés. Maître Gims est aujourd'hui un chanteur incontournable, une vraie star auprès des jeunes. Par amitié, il accepte de placer mes produits dans son prochain clip, « Mi Gna », tourné à New York. Mieux encore, il a l'idée de faire figurer mon logo sur une des enseignes géantes de Time Square ! Immense cadeau et symbole du développement à l'international de Shauna Events, mais pas seulement. En s'affichant au côté de Shauna Events, Maître Gims assume ce que cela suppose : l'image de la téléréalité. Peu lui importent d'éventuelles critiques : pour lui, l'amitié prime. Je lui suis infiniment reconnaissante pour son courage, sa confiance et son amitié.

*

En cette année 2017, tout semble me sourire. Mon entreprise, personne ne l'attendait, personne ne l'avait vue venir, et encore moins moi-même. Je n'en reviens pas d'être parvenue où je suis ! Voici qu'elle se développe de jour en jour, affichant un chiffre d'affaires prodigieux. Shauna Events est un grand succès. Et tout succès suscite des jalousies et des controverses.

Avant mon arrivée sur le marché, le site Jebookunestar.com, créé par un certain « Monsieur B. », se targuait de proposer des animateurs et des journalistes de renom pour une soirée, un anniversaire ou tout autre événement. En réalité, « Monsieur B. » pouvait tout juste compter sur une poignée de candidats de la téléréalité, toujours les mêmes, qu'il envoyait au charbon.

Ses animateurs et journalistes connus n'étaient que des noms servis en guise d'appâts, qu'il ne connaissait pas et qui ne le connaissaient pas davantage. Il paraît même que « Monsieur B. » opère depuis la Suisse.

Julien Courbet, un beau jour, a fini par révéler la supercherie. Il a lui-même appelé Jebookunestar.com pour demander la présence de… Julien Courbet à un événement. Au bout du fil, l'assistante de « Monsieur B. » lui a répondu :

— M. Courbet n'est pas disponible à la date que vous indiquez, je suis désolée. En revanche, nous sommes en mesure de vous proposer une vedette de « Secret Story ».

Est-ce là une pratique honnête ?

8

Sortir de l'ombre

Il est en France une star incontestée de la téléréalité. Chacun connaît son nom, ou plutôt son prénom, qui est devenu une marque en soi. Elle s'appelle Nabilla Benattia.

Adolescente, Nabilla aspirait à devenir mannequin. Mais la téléréalité l'a littéralement aspirée, jusqu'au jour où elle s'est rendue célèbre par une simple phrase qui a provoqué un buzz immense sur Internet : « Allô ? T'es une fille et t'as pas de shampoing ? Non mais allô, quoi ! » Depuis lors, elle est devenue une personnalité incontournable des médias. Elle a même été chroniqueuse sur le plateau de « Touche pas à mon poste ! ».

Si j'ai mis du temps à l'approcher, c'est parce qu'elle était sous contrat chez un petit concurrent et que les choses n'allaient pas pour le mieux. Mais j'ai dans mon agence son jeune frère Tarek, un garçon adorable qui fait lui aussi de la téléréalité et joui d'une notoriété précoce. Lorsque nous avons commencé à travailler ensemble, il avait dix-sept ans. Comme la célébrité soudaine est dure à gérer, j'ai pour lui une attention particulière. Peu après ses vingt et un ans, Tarek m'a invité à L'Avenue, le célèbre restaurant parisien. Il a préparé une demande en mariage surprise pour sa compagne Camélia et a tenu à ce que je sois présente. Cette attention me touche car seuls les proches ont été invités. Tarek a disposé une bague de fiançailles dans une rose. Une cérémonie très émouvante, qui fait partie des moments inoubliables de mon métier.

Toujours est-il que Tarek accepte de jouer les *go between* et vante à Nabilla les mérites de Shauna Events avec un tel bagout que rendez-vous est pris.

Je la reçois à l'agence avec Thomas, son compagnon, et leur décris mon activité en détail. Les tourtereaux m'écoutent d'un air concentré. Ils sont extrêmement aimables et très curieux d'explorer une réalité commerciale nouvelle. Je lis dans leurs yeux qu'ils me font confiance.

— Alors ? L'aventure vous tente ?

Ils se tournent l'un vers l'autre, échangent un regard, me sourient. C'est d'accord, ils sont partants.

Depuis qu'elle est devenue une vedette, Nabilla vit entourée d'un essaim de parasites qui l'ont rendue plutôt méfiante, non sans raison. Elle sait qu'en affaires le plus important est d'établir une relation de confiance. Or elle croit en ma sincérité. Je pense être quelqu'un d'entier qui parle sans détour, et cela lui plaît. Elle aime mon côté *business woman*. D'ailleurs, Nabilla aime les premiers de cordée. Ce qu'elle admire par-dessus tout, c'est la réussite. Quelque chose me dit que nous allons bien nous entendre.

Avec le temps, Thomas est devenu comme un petit frère pour moi. C'est une des personnes les plus attentionnées que je connaisse, un garçon sensible… et fou amoureux de sa Nabilla ! La force de leur amour m'impressionne. Ils sont fusionnels ! Je suis intimement convaincue qu'ils sont faits l'un pour l'autre. Ils s'apportent une stabilité mutuelle et surtout... ils se comprennent !

*

Cependant, les fameux budgets « promotion sur les réseaux sociaux » ne cessent de croître. Au début, je demandais timidement 150 euros, voire moins, pour un affichage sur Insta. Très vite, les sommes se sont mises à grimper. Et rien n'indique que la courbe s'inversera. Au contraire, les marques s'arrachent mes candidats. Les réseaux sociaux sont eux-mêmes en pleine croissance, tandis que la vie post-émission des stars de la téléréalité est devenue un thème de reportage extrêmement porteur, y compris sur les chaînes du service public.

C'est ainsi qu'un jour je reçois au bureau un appel de Nathalie Sapena, une journaliste qui travaille pour l'émission « Complément d'enquête ».

— Enchantée. Que puis-je faire pour vous ?

— Voilà, nous préparons un sujet sur l'argent facile. C'est l'intitulé. Les gens qui gagnent au Loto, les gamins de la téléréalité...

L'argent facile, les gamins... Il me semble que l'entretien ne démarre pas sur les meilleures bases.

— Pardon, mais je travaille seize heures par jour. Ce n'est pas ce que j'appelle de l'argent facile. Êtes-vous sûre de vous adresser à la bonne personne ?

— Vous ne travaillez pas avec des gens de la téléréalité ?

— Si, mais je ne les assimilerais pas aux gagnants du Loto. Ce n'est pas très respectueux. Vous n'êtes pas de mon avis ?

Je passe l'essentiel de mon temps à Paris où je me démène comme un diable – ou comme une diablesse – pour faire tourner mon entreprise. Je ne suis à Juan-les-Pins que le week-end et n'ai que très peu d'heures à consacrer chaque semaine à mon mari et à mes filles.

Nathalie Sapena m'apprend qu'elle a interrogé un de mes concurrents.

— Pour lui, me dit-elle, c'est clairement de l'argent facile. En tout cas, c'est son opinion.

— Combien de clients a-t-il ?

— Une dizaine, il me semble.

— Je vois. Vous savez combien j'ai de personnes dans mon agence ? Vous êtes-vous renseignée ? L'homme dont vous me parlez et moi, je ne pense pas que nous fassions le même travail.

Plus l'entretien se prolonge, moins j'adhère à l'intitulé de son reportage. Mais j'ai trop à cœur de défendre mon business pour refuser le principe d'une interview filmée. Shauna Events aura bientôt un an d'existence et j'ai décidé d'organiser une soirée à Paris pour fêter cet anniversaire.

— Je vous invite, dis-je à Nathalie Sapena.

— Vraiment ?

Vu la tonalité de notre conversation, elle paraît sincèrement surprise.

— Venez. Vous serez au cœur de votre sujet.

— D'accord, merci.

Autant lui faire comprendre qu'en l'espace d'un an je suis devenue une intermédiaire essentielle entre les marques et la centaine de vedettes représentées par mon agence. Que j'ai négocié des contrats d'exclusivité avec des marques comme Natural Mojo, Hello Body, Fitvia, CelluBlue, Anaca3 ou encore Luxéol, qui ne peuvent faire en France de promotion sur les réseaux sociaux en dehors de mon agence. Je me bats tous les jours pour faire évoluer des jeunes dans un univers qui n'était pas le leur au départ. Des entreprises ont augmenté significativement leur chiffre d'affaires grâce à cette nouvelle méthode de communication. Je suis fière du chemin parcouru, de ce que j'ai réussi à bâtir, et surtout de la façon dont je me suis relevée. Alors, l'« argent facile »…

*

À l'approche de la fête, alors que l'émotion est à son comble, je reçois un tweet de Jessica Thivenin qui me bouleverse : « Déjà un an que nous avons commencé… Nous n'étions que deux, pour ainsi dire. Aujourd'hui, tu as construit un empire. Je suis fière de toi, mon agent d'amour. »

Ma Jess, quant à elle, a été élue star montante de la téléréalité de l'année. Sur Instagram, elle est suivie par 3 millions de personnes.

Quant à ma journaliste, elle n'en revient pas de sa surprise. Cette soirée d'anniversaire est une aubaine pour elle, puisque tout le monde sera là. Et les sociétés comme la mienne n'ont pas l'habitude d'ouvrir généreusement leurs portes aux enquêteurs et de jouer la transparence. Elles préfèrent rester discrètes, travailler à l'abri des regards, éviter les jugements déplaisants.

En ce qui me concerne, je procède autrement. Je considère que jouer franc-jeu est encore le meilleur moyen d'éviter les fausses rumeurs et les calomnies, voire la diffamation. Surtout, j'estime que l'aventure de Shauna Events est une belle histoire qui mérite d'être racontée et donnée en modèle. Pourquoi devrais-je m'interdire d'en parler ?

Pourtant, dans mon entourage, tout le monde ne partage pas mon avis.

— « Complément d'enquête » ? s'interroge un ami, inquiet. C'est très dangereux.

Je m'étonne :

— Pourquoi dangereux ?

— Ces journalistes peuvent très bien détourner des images, voire des propos, et les présenter à leur avantage… ou à notre désavantage.

— Il n'y a pas d'avantage ou de désavantage. Il y a une réalité, point.

— Ce n'est pas aussi simple, Magali. Ils peuvent s'être fait une idée préconçue, vouloir démontrer au téléspectateur que ton activité n'est pas honnête, ou du moins qu'elle est immorale… Après, tout est une question de montage. Et le montage, c'est parfois de la manipulation. Eux, ce qu'ils cherchent, c'est le buzz. Or le buzz est bien souvent négatif.

Mon ami conclut :

— Je crains que tu ne sois en train de te tirer une balle dans le pied, Magali.

Après cette mise en garde, l'inquiétude me gagne à mon tour. Je programme plusieurs rendez-vous avec Nathalie Sapena. Nous avons des échanges approfondis, au terme desquels j'estime pouvoir lui faire confiance. Mal renseignée, elle a d'abord commis une erreur de jugement, c'est vrai ; mais j'ai réfléchi et je suis convaincue qu'elle fait son métier sincèrement.

Pour moi, plus de doute : c'est une femme bien, une professionnelle à laquelle on peut se fier.

Comme prévu, Nathalie est présente avec son équipe à la soirée anniversaire de Shauna Events. Elle filme la réception et engrange les interviews. Comme je lui en avais fait la promesse, la fête est un succès et tout le petit monde de la téléréalité est au rendez-vous – une aubaine pour son reportage.

Les dirigeants de Banijay, de M6 et de la plupart des sociétés de production sont présents. Il y a là Jean-Luc Azoulay, un homme intelligent et bienveillant, pour qui j'ai une grande admiration. Le cofondateur d'AB Productions, qui a produit les séries cultes « Hélène et les garçons » et « Le Miel et les Abeilles », fut le plus gros producteur d'Europe dans les années 1990. Je l'ai rencontré alors que je venais de placer une de mes célébrités dans sa série « Les Mystères de l'amour ». Nous avons deux points communs : avoir développé des affaires sur des bases considérées comme les moins « respectables » de l'audiovisuel, les sitcoms pour lui et la téléréalité pour moi. Et être les meilleurs dans nos domaines d'activité respectifs. Jean-Luc, très paternel, est toujours disponible pour me donner des conseils. Nous ne pouvions que sympathiser. Précurseur dans son domaine, toujours entreprenant, il est un exemple pour moi. Et il est si gentil et généreux.

Je ne suis donc plus seule. Tout ce chemin parcouru en si peu de temps… J'en éprouve une immense fierté.

*

Une semaine plus tard, nouveau coup de fil : Nathalie n'est pas satisfaite et souhaiterait venir filmer mes bureaux à Juan-les-Pins. Elle a besoin d'en apprendre davantage. M'est avis qu'elle a renoncé, grâce à moi, à ses préjugés sur mon métier. C'est simple, elle ne peut plus me quitter !

De mon côté, je reste prudemment sur mes gardes, connaissant les méthodes de certains journalistes.

Le jour du rendez-vous à Juan-les-Pins, je propose à Nathalie d'aller parler quelques minutes en tête à tête devant les vitrines violettes de Shauna Events.

— Je préfère mettre les choses au point, lui dis-je. Moi, vous savez, je ne suis pas née avec une cuiller en argent dans la bouche. Je sors de la misère. J'ai rencontré de gros, de très gros problèmes. À une époque, j'avais tout perdu, absolument tout. Cette entreprise m'a sauvé la vie. Elle a sauvé ma famille, mes filles, tout. Ce qui m'arrive maintenant, je le prends comme un cadeau du ciel. Alors sachez-le : si vous me faites un sale coup, vous me tuez. Tout ce que je vous demande, à vous et à vos reporters, c'est de ne pas mentir. Tout le monde m'a conseillé de me méfier de vous. Ma réaction, c'est de vous inviter et de vous parler sans détour. Alors, soyez justes et ne me trahissez pas.

Nathalie m'a écoutée. Et je pense qu'elle a été touchée par mon discours.

— Il n'est pas question de vous faire un sale coup, me répond-elle. C'est même le contraire, je vous le promets. Quand je me suis lancée dans ce reportage, j'ai commencé par rencontrer votre concurrent, qui a dénigré votre métier. Vous, Magali, vous êtes l'opposée de ce type. Vous parlez de votre entreprise avec un tel amour, un tel professionnalisme et une telle reconnaissance ! C'est ça que j'entends faire ressortir. Rien d'autre.

Rassurée, je la laisse filmer mes salariés, et même deux candidates venues chercher des produits en vue d'une promotion.

Le reportage sera diffusé sur France 2 en octobre 2017. Jusqu'à cette date, je ne peux m'empêcher de nourrir des appréhensions. Et mes craintes me taraudent de plus belle à mesure que s'approche l'heure fatidique de la diffusion, en deuxième partie de soirée.

Lorsque le générique de l'émission retentit, Samuel est près de moi. Je parie qu'il entend mon cœur cogner sous mon T-shirt. Et si tous mes efforts, depuis bientôt deux ans, étaient ruinés par quinze minutes d'un reportage malhonnête ? Heureusement, mes craintes ont tôt fait d'être dissipées. Certes, le titre du reportage est pour le moins agressif : *Fric Story*. Et une voix off – celle de Nathalie – me qualifie de « grande prêtresse du placement de produits ». Mais le téléspectateur n'assiste pas à une enquête à charge, encore moins à une descente en flammes.

Nathalie a tenu sa promesse. Dès le lendemain, je lui envoie par WhatsApp un long message de gratitude.

*

Il est devenu évident que j'ai changé d'envergure. C'est à peine si je me reconnais moi-même. Un petit événement va m'aider à prendre la mesure de ma petite notoriété.

À Juan-les-Pins, la banque m'adresse une demande de rendez-vous. Pour une fois, ce courrier ne m'inquiète pas spécialement car mon compte est créditeur.

Je suis donc parfaitement détendue lorsque je m'assieds face à la conseillère. Qui sait, peut-être a-t-elle l'intention de me tresser une couronne de lauriers ? M'aurait-elle mijoté une offre intéressante ?

— Madame Berdah, me dit-elle, j'ai noté qu'il y avait énormément de mouvements sur votre compte.

— Et alors ? Un compte, c'est fait pour ça, non ?

— Oui, c'est fait pour ça. Mais pour un client qui a ouvert son compte en ayant été interdit bancaire, avouez que ce n'est pas commun. Que faites-vous exactement ?

— Mon métier.

— C'est-à-dire, s'il m'est permis de savoir ?

Elle est méfiante. Je lui explique que je mets en relation de grandes marques et des gens susceptibles de servir leur promo sur les réseaux sociaux.

— Je comprends, reprend la conseillère. Mais l'audiovisuel, ici, on ne sait pas faire. Il serait préférable, pour vous, d'avoir une banque privée à Paris.

— J'habite à Nice.

— Permettez-moi d'insister.

Un ton plus bas, elle ajoute :

— C'est le siège qui nous le demande.

— Donc, vous me fichez dehors. C'est bien ce que je dois comprendre ?

Quand j'étais en surendettement, les banques fermaient mes comptes. Aujourd'hui que des sommes importantes circulent sur mon compte, elles me flanquent à la porte !

Morale de l'histoire : un Français doit gagner 2000 euros. Moins, ce n'est pas assez. Plus, c'est trop. Dans un cas comme dans l'autre, on est mal vu.

*

Tout semble donc sourire à Shauna Events. Mais la roche Tarpéienne est proche du Capitole.

Peu de temps après cet épisode, je reçois un mail de Brandsprivate, une société américaine spécialisée dans l'*outlet*, autrement dit la liquidation de grandes marques. Le courrier porte la signature d'un certain Jake, qui dit vouloir développer son activité en France. Ce Jake m'envoie le budget de l'opération et me fait parvenir le Kbis de son entreprise – un document attestant l'existence d'une société et sa conformité avec la réglementation en vigueur. Brandsprivate dit régler ses factures à trente ou soixante jours fin de mois, comme toutes les grandes marques.

J'étudie cette présentation avec soin. Elle me paraît correcte. J'accepte de signer. Les marques à promouvoir sont prestigieuses : Nike, Forever 21, Fenty Beauty ou encore Kylie Cosmetics.

D'ailleurs, mes influenceurs sont enthousiastes. Ils se mettent immédiatement au travail. Mais à peine Nabilla, Julien Tanti ainsi que les Marseillais Carla Moreau et Nicolas Lozina ont-ils posté leurs premiers snaps que Shauna Events reçoit une volée de bois vert sur les réseaux sociaux. Sur Internet, les messages affluent, accusant Nabilla de se lancer dans la « promotion de contrefaçons ». Les tweets se multiplient, retweetés à l'infini. La polémique enfle de façon virale, comme toujours sur les réseaux. C'est une véritable agression contre nous, un tir de barrage.

Sous ce déluge de phrases assassines, je suis prise de vertiges et déploie de gros efforts pour tenter de me calmer. J'essaie de prendre la mesure de la situation. Le nœud du problème, bien sûr, c'est le mot « contrefaçon ». Qui peut porter une accusation aussi grave, alors que la promo débute à peine et que les colis n'ont pas encore été livrés ?

Une réponse se présente aussitôt à mon esprit : quelqu'un a décidé de me nuire. On cherche à me fabriquer de toutes pièces une réputation d'incompétente, voire d'arnaqueuse.

Malheureusement, Twitter s'est déjà emballé. En d'autres termes, il est déjà trop tard. L'image de Shauna Events risque d'être abîmée à tout jamais. Mon image est en ligne de mire, alors que j'ai toujours joué la transparence absolue, comme vient encore de le prouver le reportage de France 2.

Sur Internet, les articles se répandent comme la gale, tous reprenant en chœur le même odieux refrain : « Shauna Events fait vendre de la contrefaçon. » Bien entendu, aucun journaliste ne se met en devoir de vérifier l'information, d'apporter un démenti, voire un simple bémol.

Prise de panique, j'appelle le fameux Jake.

— Que se passe-t-il ? Qu'est-ce que c'est que cette histoire ?

— Je vous garantis, Magali, qu'il n'y a aucune contrefaçon chez moi. Nous n'avons que des stocks en provenance des grandes marques, vous savez parfaitement lesquelles.

— Vous pouvez me le certifier ?

— Je vous envoie une copie de mes contrats signés avec les marques en question.

— D'accord. Ces documents me permettront de prouver ma bonne foi. Et ça devrait calmer les tweetos ! Vous vous rendez compte que je me fais insulter sur le Net à chaque seconde qui passe ?

— Vous verrez vous-même, Magali : que des marques.

Je raccroche, un peu rassurée. J'ai grande hâte de prendre connaissance de ces fichiers, de les diffuser et de rétablir la vérité auprès des internautes.

Mais les copies des contrats n'arrivent pas. Je consulte ma boîte mail, je checke mes spams : rien, rien, rien ! Pendant ce temps, la pluie d'injures continue. Contrefaçons ! Contrefaçons !

Par précaution, je me dépêche d'interrompre la diffusion des posts pour les produits de Brandsprivate sur Snapchat. Il ne reste plus qu'à attendre la suite.

La suite, c'est que les contrats promis n'arrivent toujours pas. Quant à Jake, il a disparu de la circulation ! Monsieur est tantôt injoignable, tantôt inconnu. Pendant ce temps, sur les réseaux, les geeks jouent les Sherlock Holmes et les informations qui commencent à émerger ne font qu'aggraver les choses. Brandsprivate se révèle correspondre à un site frauduleux. L'entreprise, en fait, ne livre pas ! Et « Jake le Fake » s'est enfui avec l'argent des personnes qui ont passé commande de ses articles prétendument soldés par les grandes marques.

Ce que je ne comprends pas, c'est cet affolement sur le thème de la contrefaçon. L'idée a surgi sans crier gare, sitôt postée la vidéo de Nabilla. Normalement, les clients auraient dû réagir après quinze jours de délai, voyant que leur colis n'arrivait pas. À l'évidence, il s'agit d'une machination. Quelqu'un a voulu me porter préjudice.

Du coup, je n'en dors plus. Je vis maintenant dans la hantise de voir mon entreprise s'effondrer. J'ai la tête encombrée de mauvais souvenirs, authentiques visions de cauchemar.

Tout étant désormais mondialisé, les agressions débutent dès le matin. À peine levée, je vois défiler les notifications de Twitter. Des gens malveillants – ils sont légion sur ce réseau – se mettent à créer de faux comptes à mon nom ou au nom de ma société. Shauna l'escroc ! Shauna la voleuse ! Shauna en prison ! Ça n'arrête plus. Des images défilent, qui me représentent derrière les barreaux ou montrant mon agence en flammes. Mes propres enfants sont menacées de mort. Il est même des personnes « bien intentionnées » pour réclamer que je sois conduite au bûcher et brûlée publiquement, comme Jeanne d'Arc. N'est-ce pas le sort que méritent les démons ? Sur Twitter, le Moyen Âge n'est jamais loin… et je me demande avec angoisse dans quel enfer j'ai mis le pied sans y prendre garde.

Le pire de mes détracteurs s'est trouvé un joli pseudo : AntiLangue2Bois. Il ne cesse d'appeler ma mort de ses vœux. Il menace même ma famille. Je préfère quitter ce réseau. Lire et relire de tels messages est au-dessus de mes forces.

Hélas, dans la presse papier, ce n'est guère mieux. Les articles consacrés à mes influenceurs s'y multiplient. Mon nom y est cité en caractères gras, accompagné d'accusations ignobles : « site bidon », « fraude », « contrefaçon »… Au bout d'une semaine de ce régime, je suis exténuée.

Fort heureusement, le réseau Twitter ne compte pas que de mauvaises langues. Depuis quelque temps, je suis en contact avec trois ados experts en informatique. Nous échangeons régulièrement, eux et moi.

Ayant suivi l'affaire, ils tâchent de m'aider en glanant des infos un peu partout. Au comble du désespoir, je les interroge :

— Qui peut être derrière tout ça ? Vous n'auriez pas une idée ? Auriez-vous entendu des rumeurs ?

Mes trois anges gardiens ont une piste, en effet. Ils ont découvert quelque chose et souhaitaient d'ailleurs m'en parler. J'organise un rendez-vous. Pour eux, le grand méchant détracteur n'est autre que le fameux AntiLangue2Bois, qui se déchaîne contre moi et contre Shauna Events depuis le début de l'affaire. À ce qu'il semble, il n'a pas seulement résolu de me harceler, mais il entend me mettre à terre – voire six pieds sous terre.

— Mais qui se cache derrière ce nom ? Vous le savez ?

— Oui, c'est Karine, répondent mes ados.

— Karine ? Qui est Karine ?

— L'assistante de Monsieur B.

— Monsieur B… du site Jebookunestar.com ?

Mon principal concurrent. Je suis sidérée.

— Et vous seriez capables de prouver ce que vous avancez ?

Leur plan est un peu machiavélique : entrer directement en relation avec ladite Karine. L'un des trois s'y colle. Sur Whatsapp, il lui laisse le message suivant : « Il faudrait que tu fasses bien attention car la police pense que tu es à l'origine de tweets ultra-violents. Ils ont l'intention de remonter toutes les adresses IP pour en avoir le cœur net. S'ils ont la preuve que c'est toi, tu seras poursuivie, tu peux même finir en prison. »

Le piège fonctionne à merveille. Karine répond illico par le même canal : « Je t'envoie la liste de mes comptes. Tu pourrais tout supprimer ? Je ne sais pas le faire ! Help ! »

Aussitôt dit, aussitôt fait : la gentille assistante de Monsieur B. envoie à mon jeune protecteur la liste complète de ses comptes, avec identifiants et mots de passe. Ce sont des preuves. Il n'y a plus qu'à en faire bon usage.

Pour la première fois depuis dix jours, je respire.

*

C'est un trait de mon caractère : j'ai tendance à culpabiliser. Depuis le début de cette sale affaire, je me suis persuadée que la terre entière me déteste et que je suis victime d'une montée de haine collective. En réalité, il semble que seules deux personnes soient impliquées dans cette agression : Monsieur B. et Karine, sa charmante collaboratrice. Cette nouvelle me procure un vif soulagement, une quasi-bouffée d'euphorie.

Quand on lui demande si Monsieur B. et elle se cachent derrière Brandprivate, la réponse de Karine est hallucinante : « Sur la tête de Nabilla que non. » On sait que Nabilla et Monsieur B. ont été en procès. On comprend mieux sa réponse.

Je consulte les captures d'écran de mon ado. Lorsqu'il lui demande pourquoi elle a fait ça, Karine répond sans la moindre hésitation : « Mais pour la rendre folle, lol ! »

Je fais constater toutes ces preuves par huissier. Je n'attends plus qu'une chose, pouvoir le crier à mes détracteurs ! Je veux que la nouvelle se répande dans tout le milieu. J'appelle Jeremstar, le célèbre blogueur, spécialisé dans la téléréalité. Coïncidence, il connaît

Monsieur B. et son assistante Karine. Ce que je lui apprends ne l'étonne pas du tout. Sans attendre, alors même que deux autres journalistes ont refusé le dossier, il réalise un gros travail d'enquête, réunit toutes les preuves sous forme de captures d'écran et rédige un article dévoilant les dessous de l'affaire. Son article sera repris par tous les médias. Quant à moi, j'éprouve l'étrange soulagement d'être tirée du gouffre par le plus médiatique des détracteurs de la téléréalité ! Je lui voue une véritable reconnaissance et il sait aussi qu'il peut compter sur mon amitié.

Cet attaque malhonnête m'a permis de découvrir à quel point les réseaux sociaux peuvent s'emballer et détruire des vies sur la base de rumeurs. De mon côté, je décide de rédiger une vraie lettre, un coup de gueule salutaire que je posterai sur Twitter. Après ce que j'ai enduré, n'ai-je pas le droit de me défendre ?

Cette lettre, la voici :

Je m'appelle Magali Berdah, j'ai 35 ans et je suis maman de trois magnifiques poupées ! À 21 ans, j'ai été l'une des plus jeunes courtières en assurances ! J'ai même été juge au tribunal de commerce de Cannes ! Je vous rassure, j'ai démissionné très vite ! J'étais trop mal à l'aise, à 27 ans, de juger et condamner des entreprises ! Qui suis-je pour faire ça ? Apprenez que ma mère est femme de ménage dans un service hospitalier ! Que j'ai été kidnappée à l'âge de 8 ans ! Et que la vie ne m'a fait aucun cadeau.

Un jour, l'État a sorti une nouvelle loi : l'ANI ! Les mutuelles obligatoires pour tous les salariés ! Pour mon activité, c'était la fin. Mais je ne savais rien faire d'autre ! Mon métier me passionnait ! Alors j'ai lutté ! Je me suis surendettée pour continuer à vivre ! Il y a encore deux ans, j'étais en surendettement ! J'étais lynchée ! Quand vous êtes à terre, les gens ne vous laissent même pas mourir en paix, au contraire, ils vous enfoncent un peu plus ! Gratuitement ! Pour le plaisir de la chose !

Aujourd'hui, mon travail est un cadeau du ciel ! Voilà un an et demi que j'ai créé Shauna Events (Shauna étant le prénom de ma fille). En un an et demi, certains disent que j'ai édifié un empire ! Moi, tout ce que je vois, c'est que j'ai payé mes dettes ! J'ai une société qui compte presque vingt salariés ! Et je travaille avec des célébrités, des marques : il y en a des petites, des moyennes et des grosses ! Tout ce que j'observe, c'est qu'à mon petit niveau je permets à des gens de travailler et de gagner leur vie ! Je permets aussi à des sociétés de se faire connaître, comme cette entreprise qui m'envoie régulièrement des photos de ce qu'elle peut faire grâce à nos publications !

Depuis quelque temps, on cherche de nouveau à me lyncher ! Où donc ? Sur les réseaux sociaux, bien sûr ! Et dans ma vie de tous les jours ! Je repense à cet animateur et à sa femme qui m'ont appelée un soir pour me dire : « On va t'écrabouiller ! Personne ne te connaît ! »

Eh bien ! j'ai envie de leur répondre aujourd'hui : « Vous, vous me connaissez ! Et vous voulez ma place ! Lol ! Mais vous ne l'aurez pas ! Car mon travail, je le fais avec le cœur ! Et personne ne me fait peur... Qui que vous soyez ! Connus ou inconnus, cachés derrière vos tweets. Car j'ai connu pire ! Lol ! De pseudo-concurrents ont appelé à me brûler vive ! Waouhhh ! »

À présent, je me pose des questions. N'y a-t-il pas un problème en France ? Oui, j'ai réussi ! Oui, je travaille dur ! Je suis une femme, mère de trois enfants !

Seule à la tête d'une entreprise que j'ai montée de A à Z ! Alors, bien sûr, la réussite attise la haine ! On m'a dit: « Quitte la France ! » Eh bien non, je ne quitterai pas la France ! On m'a dit: « Vivons heureux, vivons caché ! » Eh bien non, je ne me cacherai pas ! Aujourd'hui, je suis heureuse et j'ai envie de le crier à la terre entière ! On m'a dit: « Hou là là ! tu gagnes de l'argent, tu vas avoir des problèmes avec les impôts ! » Ne vous inquiétez pas ! Bien sûr que j'ai eu mon contrôle fiscal ! Mais ce n'est pas grave. Grâce à ce contrôle, mon comptable s'est rendu compte que j'avais trop déclaré l'année dernière ! Eh oui, j'ai 6 chiffres sur mon avis d'imposition. J'espère que l'année prochaine, j'en aurai 9, et que je continuerai à payer mes impôts ! En France ! Et j'espère que je n'aurai pas 20 mais 40 salariés ! Et j'espère que les gens seront heureux de travailler avec moi ! C'est tout ce que j'espère ! Derrière mon travail, tourne une vraie économie ! Une économie bafouée car en rapport avec la téléréalité ! Mais vous n'avez rien compris, les médias ! Oui, c'est la téléréalité ! Mais en attendant, pour des gens bas de gamme, ils vous font tous parler ! Grâce à eux, vous remplissez vos colonnes de magazines et vos chroniques d'émissions !

Je suis très fière de bosser avec des jeunes ! Oui, des jeunes. Bien entendu, il arrive qu'ils fassent des erreurs ! Ils agissent comme nous avons tous agi ! Mais en attendant, les seuls qui profitent de leurs erreurs, c'est vous ! Vous qui les commentez et les diffusez ! Eux, ça ne les ravit pas, de se voir rabaisser et lyncher par des gens « plus intelligents qu'eux » – j'insiste sur les guillemets ! Eh bien moi, je les aime et je vous emmerde ! Je suis navrée de ce qui s'est passé pour ce fameux site Brands-private et j'ai confiance en la justice pour prouver la malveillance et la malhonnêteté de certaines personnes qui ont cherché à me tuer et contre lesquelles, hélas ! nul n'est à l'abri !

Cette histoire prouve que nous vivons malheureusement dans un pays où beaucoup sont incapables de faire la différence entre réussite et malhonnêteté ! Mais luttez contre les bonnes choses ! On m'a reproché d'avoir trois sites internet ! Oui, j'ai trois sites internet. Mais j'ai 150 clients référencés dans mon agence ! Et ces trois sociétés sont en France, qui plus est ! Elles payent des impôts elles aussi ! Avec un à deux salariés en CDI par site ! Pardonnez-moi ! C'est un crime, de créer de l'emploi ? On m'a dit : « Tu t'exposes et pour une cheffe d'entreprise, c'est dangereux ! » Eh bien ! oui, je fais de la télé ! Ne vous inquiétez pas, là aussi, on a également essayé de me mettre des bâtons dans les roues ! Merci à C. H. d'avoir eu l'intelligence de fermer ses oreilles. Oui, j'adore ça ! Une fois par semaine, là aussi, je travaille avec mon cœur ! J'ai des choses à dire car je vois ce qui se passe de l'intérieur. Alors je continuerai, n'en déplaise à certains ! C'est la liberté d'expression ! L'injustice et l'acharnement : c'est juste honteux ! Vous poussez les gens à quitter la France et à ne pas cotiser ! Moi, je reste ! Je cotise ! Donc moi, femme de 35 ans et maman de trois enfants, moi qui paie des impôts, j'emmerde tous ceux qui me critiquent et incitent les gens à la haine contre moi ! Je suis fière de réussir et vous n'avez pas encore tout vu ! Préparez-vous…

Plus tard, Karine enregistrera une vidéo dans laquelle elle présente ses excuses pour tout le mal qu'elle a fait. Et j'apprendrai que Monsieur B. est parti s'établir au Maroc après avoir fermé boutique.

*

Avant de refermer ce chapitre, je voudrais encore dire quelques mots de Jeremstar, qui est trop perçu comme le pourfendeur de la téléréalité, alors qu'il a toujours vécu avec. Dans l'affaire Brandsprivate, il a été le seul à me prendre au sérieux et à examiner les faits. Alors que j'étais à deux doigts du naufrage, il a réuni tous les éléments du dossier, les a présentés au grand public en toute impartialité, lavant ainsi l'image de ma société.

J'ai appris à connaître Jerem. Rien ne m'empêchera d'en dire du bien. D'ailleurs, mes candidats ne m'ont jamais tenu grief de notre amitié. Ils ont confiance en moi et savent que je fais la part des choses. Oui, Jerem est un feu follet. Sa folie le met parfois en danger, mais il en a fait son alliée. C'est cette intelligence que j'aime en lui. Parti de rien, il s'est retrouvé chroniqueur chez Thierry Ardisson, où je le trouvais plutôt à sa place. Il a bâti sa carrière et n'a pas que des amis, mais n'est-ce pas la rançon de toute réussite ?

Aujourd'hui, Jerem peut être fier de son succès. Je n'imagine pas qu'il ait été au courant de certains agissements. Bien sûr, il a poussé le bouchon un peu loin avec certains candidats. Je ne peux même pas reprocher à ceux-là de le détester. Lui-même est bien conscient des passions qu'il déchaîne. Mais je l'ai vu aussi venir en aide à des candidats et protéger des secrets. Si nos points de vue divergent sur de nombreux sujets, Jerem est toujours ouvert à l'échange et au dialogue. Débattre et s'engueuler, mais se respecter et savoir que l'on peut compter l'un sur l'autre : c'est la base de notre amitié. Elle m'a aidée à comprendre qu'il ne faut jamais se fier aux racontars.

En fin de compte, toute cette affaire m'aura appris une chose : dans ce milieu, il importe plus que tout d'être bien entouré. Certains candidats, qui ne le sont pas, se mettent eux-mêmes en danger. Jeremstar lui-même s'est retrouvé happé dans un maelström médiatique. On lui a fait payer très cher les libertés qu'il a prises avec certains candidats, et je sais qu'il en a souffert. Personne ne mérite l'acharnement et l'humiliation. Il m'est arrivé d'être en désaccord avec lui, mais il a toujours fait preuve de loyauté à mon égard. J'aurais eu beau jeu de participer au lynchage, mais c'était trop facile et surtout trop injuste. Mon cœur n'est pas si noir. Si je l'ai défendu dans « Touche pas à mon poste ! », c'est simplement que j'étais sûre de mon fait. Cela m'a valu d'être vilipendée sur les réseaux, mais peu importe : je n'ai pas trahi mon intime conviction. Et je suis fière d'être restée fidèle à mes principes.

9

La fusion

Depuis quelque temps, une rumeur persistante m'inquiète. Les boîtes de production qui gèrent les programmes de téléréalité envisageraient de s'occuper elles-mêmes des candidats après leur passage dans les émissions. En d'autres termes, elles projettent de monter des entreprises calquées sur la mienne pour prendre en charge la communication des nouveaux influenceurs.

Je décide de prendre les devants et d'aller discuter avec ces « prods » pour leur proposer de travailler main dans la main, si nous parvenons à nous entendre. Je commence par prendre rendez-vous avec La Grosse Équipe, qui produit « Les Anges de la téléréalité ».

Le moins que l'on puisse dire, c'est que l'entretien n'est pas cordial. Manifestement, je ne suis pas la bienvenue. Nos discussions prennent assez vite un tour assez froid. J'ai l'impression très nette d'être regardée de haut. Je tente pourtant de leur expliquer ce qu'il en est :

— Vous, vous gérez vos candidats dans le cours de la production. Moi, mon rôle, c'est de prendre le relais. Je m'occupe de l'après. Et je les cornaque sur les réseaux. C'est un métier en soi et ce n'est pas du tout le vôtre ! J'ai déployé de gros efforts pour mettre en place cette activité. Aujourd'hui, tous ces candidats me sont attachés. Autrement dit, ce que vous souhaitez entreprendre risque de créer des litiges. C'est vrai, vous donnez à ces gens de la visibilité, je ne le nie pas. Moi, je leur permets de vivre le reste du temps et de développer avec eux un plan de carrière. Nous sommes donc complémentaires. Pourquoi ne pas travailler ensemble ? Ce serait plus efficace que de se tirer dans les pattes.

« Loft Story » a vu le jour en 2001. Depuis, personne n'a eu l'idée de mettre en place un suivi professionnel des jeunes gens qui ont fait les beaux jours de ce programme. Moi, je l'ai fait. J'ai eu cette idée. Non seulement je l'ai eue, mais je l'ai concrétisée avec mes propres forces, en prenant tous les risques.

Je choisis de jouer la carte de l'humilité. De tendre la main. D'avoir une attitude ouverte. Si nous trouvons un terrain d'entente, je gagnerai moins, mais j'aurai garanti la pérennité de mon entreprise.

À la fin de l'entretien, je constate que ma longue plaidoirie n'a pas ébranlé leur détermination. Ils me regardent d'un air condescendant qui me fait froid dans le dos. Ils sont puissants, ils sont riches, ils ont des réseaux. Je suis seule et encore fragile. C'est David contre Goliath.

Le rendez-vous s'achève. Tout le monde se lève pour prendre congé.

— Alors, on fait comment ?

— Vous nous envoyez un mail résumant votre position. Nous, on réfléchit.

*

Mon deuxième rendez-vous sera pour Banijay, une multinationale présente dans seize pays, un géant mondial de la production audiovisuelle. Stéphane Courbit, son PDG, est associé à Cyril Hanouna, Nagui et Vivendi. Sa société produit toutes les émissions animées par le célèbre Nagui. Dans le domaine de la téléréalité, ils ont à leur tableau de chasse des programmes aussi réputés que « Les Ch'tis », « Les Marseillais » ou encore « Moundir et les Apprentis aventuriers ».

Je suis reçue par Florence Fayard, directrice de la téléréalité chez Banijay, qui se montre d'emblée plus courtoise que les gens de La Grosse Équipe. J'apprends qu'elle a déjà abordé le sujet avec certains candidats, sur le thème : « Si nous montons une agence d'influenceurs, accepteriez-vous de nous suivre ? » Il se trouve que les candidats auxquels Florence fait allusion, à quelques exceptions près, sont déjà sous contrat chez moi. Elle prend tout de même le temps d'écouter mes arguments. Et va jusqu'à me féliciter :

— Je respecte ton travail, tu sais. Je respecte les femmes qui vont de l'avant et qui se battent. Bravo ! C'est formidable d'avoir créé cette activité. Elle fait vivre nos candidats tout le reste de l'année. Nous avons eu grand tort de ne pas développer ce système nous-mêmes. Si je comprends bien, tu proposes une collaboration. J'en parle en haut lieu et je te rappelle. D'accord ?

— Entièrement d'accord.

Je sors de l'entretien un peu rassérénée. *Wait and see !*

Chez Ah ! Production, qui produit « La Villa des cœurs brisés » sur NT1, je suis reçue par le boss en personne, Antoine Henriquet, un homme dynamique qui a créé sa société. Nous nous rencontrons à Boulogne-Billancourt. Non seulement Antoine se montre très courtois, mais il se montre intéressé à l'idée d'une collaboration avec Shauna Events.

Je rencontre enfin Studio 89, une filiale du groupe M6 qui produit «Les Princes et les Princesses de l'amour», «La Belle et ses princes presque charmants», mais aussi des émissions comme «Top Chef», «Un dîner presque parfait» ou encore «Chasseurs d'appart'».

Sans être complètement rassurée, j'estime que ma tournée des prods ne s'est pas trop mal passée. Du moins les contacts ont été pris. On prend en considération que je suis devenue un nouvel acteur de la télé, ils apprécient mon travail et se montrent bienveillants.

Bref, le dossier est désormais ouvert dans le petit monde de la téléréalité.

*

Au bout d'une semaine, je reçois un appel de Banijay Group. C'est Florence. Elle souhaiterait me présenter son directeur général, François de Brugada. Un rendez-vous est fixé rapidement.

Dans le bureau de François, je reprends le fil de mes explications: le vide qui existait, ce que j'ai créé, le fonctionnement de ma société, la nécessité d'une entente entre les prods et Shauna Events, dans l'intérêt des candidats. Interrogée sur le montant de mon chiffre d'affaires, je préfère le sous-estimer, faute de savoir quel type de partenariat ils envisagent.

Le lendemain de cet entretien, je me trouve à Boulogne, dans un café, près de C8 et des studios de

«Touche pas à mon poste!». Avec Fabien et Florian, qui travaillent dans l'émission, nous sommes en plein debriefing. Pendant que nous discutons, un SMS de François de Brugada me parvient, ainsi libellé: «Bonjour, Magali. J'ai parlé de notre entrevue à Stéphane Courbit. Comme moi, il comprend l'intérêt d'unifier nos forces. Il souhaiterait te rencontrer demain à 15 heures.»

Comme bien souvent, ma première réaction est d'exprimer tout haut mes pensées. Les yeux rivés sur mon portable, je m'exclame:

— Demain? Mais j'ai déjà cinquante rendez-vous, demain!

— C'est qui? me demandent les garçons, interloqués.

— François de Brugada. Il souhaite me revoir demain à Banijay. Je vais lui répondre «non, pas demain, plutôt la semaine prochaine». Je suis débordée, moi…

— Te revoir pour quoi?

— Il veut que je rencontre quelqu'un…

— Qui?

— Attends…

Je baisse à nouveau les yeux vers mon portable.

— Stéphane Courbit. Vous le connaissez? Vous savez qui c'est?

Ils échangent un regard désespéré.

— On ne refuse pas un rendez-vous avec Stéphane Courbit, Magali. On ne le reporte pas non plus. C'est tout simplement impossible.

J'apprends que Stéphane Courbit est le big boss de Banijay Group, un des leaders mondiaux en matière de contenus télévisuels. Dans le milieu de l'audiovisuel français, c'est un génie.

— Ah ! d'accord, dis-je, confuse.

Le lendemain, à 15 heures, je me sens plutôt détendue, en dépit de l'enjeu. Après tout, je n'ai pas à rougir de mon parcours.

Il me reçoit dans un bureau impressionnant. C'est un homme de grande allure, très courtois. D'une voix calme, il m'invite à lui exposer mon point de vue. Mon discours commence à être rodé ! Je le lui sers sans montrer d'inquiétude particulière, déroulant mes arguments de façon logique, comme une personne sûre de sa compétence.

Voilà, j'ai fini. Stéphane Courbit se lève.

— Je comprends, dit-il. En effet, je pourrais aussi monter une entreprise sur le modèle de Shauna Events. Ça ne me poserait aucun problème, comme vous vous en doutez. La particularité de votre société, c'est vous. Ce que vous avez fait est exceptionnel, je veux vous donner les moyens d'aller plus loin. Créer une entreprise, ça prend du temps. Vous pourriez peut-être nous aider à en gagner.

Il parle au conditionnel, mais je reçois le message cinq sur cinq : Banijay Group a envie de travailler avec moi. C'est une opportunité à saisir.

— Si vous avez aussi bien réussi, enchaîne d'ailleurs Stéphane Courbit, c'est parce que vous êtes la meilleure dans votre domaine.

Paroles flatteuses ! Je m'efforce de ne pas rougir. Il reprend :

— Dans ces conditions, je ne vois pas l'intérêt de vous faire de la concurrence.

Ces paroles m'apportent un réconfort, une reconnaissance que je n'avais pas eus depuis bien longtemps.

Sans le savoir, elles me donnent des ailes et une confiance sans limites.

Notre entretien se poursuit. Stéphane Courbit m'explique comment pourrait s'effectuer le partenariat. Il décrit les différentes options : association, achat de parts…

— À vous de décider, dit-il.

— Avant de décider, je veux réfléchir.

Il semble apprécier cette remarque.

— Bien sûr, me dit-il. Prenez votre temps.

Dans l'ascenseur, je me dis que je suis à un tournant de ma vie. Et je ne suis pas mécontente de la façon dont j'ai négocié cet obstacle imprévu.

*

Quelques jours après cette importante rencontre, le groupe M6 exprime à son tour le désir de me parler. Sur le moment, j'imagine qu'ils ont peut-être besoin de mon accord avant de proposer un contrat de publicité-promotion à l'un de mes people.

À mon arrivée à M6, je suis accueillie par une dizaine de personnes dans un vaste bureau. Je suis un peu stressée car je suis attendue tout de suite après sur le plateau de « Touche pas à mon poste ! ». Je m'aperçois alors qu'il ne sera pas du tout question de contrats publicitaires, mais de mon activité.

— Pourriez-vous nous parler de ce que vous faites ?

Évidemment, aucun problème. Parler de mon activité, je ne fais que ça depuis quinze jours ! Me voilà repartie dans ma narration : les candidats, la défense de leur image, mon agence, les réseaux, les contacts avec les marques, la nécessité de prendre en charge la carrière des people après leur passage dans les émissions, etc.

Chacun de mes interlocuteurs, tirés à quatre épingles, est responsable d'un secteur d'activité au sein de la chaîne M6. Ils se présentent à tour de rôle, en décrivant leurs jobs respectifs. Je me déclare ravie de faire leur connaissance. Mais quelqu'un pourrait-il m'expliquer l'objet de cette rencontre ?

Quelle naïveté ! Un rire discret parcourt l'assemblée.

— Nous souhaitons nous associer avec vous, Magali.

— Ah bon ! Vous aussi, alors ?

La phrase est sortie toute seule. On se croirait dans une comédie, quand la jeune innocente tombe de la lune.

— Comment ça, nous aussi ?

— Eh bien… Stéphane Courbit me propose la même chose. Vous voyez qui c'est ?

Tous connaissent Stéphane Courbit. Et beaucoup mieux que moi !

— Je crois que je vais prendre le temps de la réflexion, dis-je une fois encore.

Dans l'ascenseur, je suis prise d'un fou rire nerveux, je suis étonné de toutes ces attentions à mon égard.

Sur ce, je file rejoindre le plateau de TPMP.

*

Cette tournée des boîtes de production m'a aidée à prendre conscience de la valeur de Shauna Events. Au début, j'y suis allée la peur au ventre, poussée par la crainte de perdre mon entreprise ; or ce sont les patrons de chaîne eux-mêmes qui envisagent de collaborer avec moi.

L'épisode s'annonçait redoutable ; il se révèle gratifiant. Je suis en relation avec les patrons des plus grandes sociétés de productions de France.

Durant la semaine qui succède à cette série de rendez-vous, je me remets de mes émotions en profitant à Juan-les-Pins d'un repos mérité. Après quelques jours, un numéro inconnu s'affiche sur l'écran de mon smartphone. J'ai en ligne une personne qui se présente comme « Julie, l'assistante d'Arthur ».

— Arthur comment ? Je ne connais aucun Arthur.

Julie éclate de rire.

— Oh ! reprend-elle avec bonne humeur, au contraire, je suis sûre que vous connaissez Arthur ! L'animateur télé…

Arthur est en train d'investir dans la société Ah ! Production que dirige Antoine Henriquet. Suite à notre rendez-vous, Antoine a parlé de moi à Arthur, qui souhaite à présent me rencontrer.

La chose se concrétise dès la semaine suivante. Je suis ravie de pouvoir rencontrer Arthur, mais il est de notoriété publique que Cyril Hanouna et lui ne s'entendent pas. C'est pourquoi, par loyauté, je préfère en informer Cyril. Toute gênée, je l'appelle donc pour lui annoncer la nouvelle :

— Bonjour, Cyril. J'ai rendez-vous avec Arthur. À sa demande. Mais si ça t'ennuie, j'annule.

— N'annule surtout pas, Magali ! C'est *darka* !

Darka, c'est le grand mot de Cyril. Le terme veut dire « drôle » en arabe. Son vocabulaire est émaillé de toute une série d'expressions de ce genre. Donc, c'est *darka* : me voilà rassurée.

Le bureau d'Arthur est magnifique, intimidant. Quant à l'homme, je le trouve particulièrement à l'aise – ce qui est loin d'être mon cas.

— Magali, dis-je en lui tendant la main.

— On se dit « tu » ?

— Avec plaisir.

L'effet est immédiat : je commence déjà à me détendre. J'attaque mon speech bien rodé sur Shauna Events. Il écoute. Puis il va droit au but :

— Qu'est-ce qui pourrait te pousser à vendre ? Ou à t'associer ?

Je n'ai pas de réponse à cette question. Ces derniers jours, j'ai l'impression d'avoir basculé dans un autre monde. Après cette succession de rendez-vous avec des gens très importants, je me sens complètement désorientée. Je ne sais plus que faire ni que penser.

Au départ, mon objectif était simple : rembourser des dettes colossales. J'y suis parvenue grâce à Shauna Events. Une fois ce but atteint, de crainte de me faire écraser par les boîtes de production télé, j'ai préféré chercher un accord avec elles.

Arthur comprend mon point de vue. Dans la suite de l'échange, il se montre très rassurant, très professionnel.

— Qu'est ce qui te ferait plaisir dans la vie ? Quel est ton projet de développement pour ta société ?

À cette question-là, je peux répondre sans hésiter :

— M'exporter à l'étranger. J'aimerais que Shauna Events devienne une société internationale.

— Pour l'exportation à l'international, reprend Arthur, je peux t'aider. Je te mettrai des commerciaux en place.

J'en reste stupéfaite. Une fois encore, j'éprouve le besoin de réfléchir.

— C'est drôle, lui dis-je. Tout le monde me veut pour associée, et moi, je ne sais absolument pas quoi leur répondre.

— Tu as vu qui ?

— Les dirigeants de M6… Stéphane Courbit… Et puis il y a Cyril… Cyril Hanouna. Lui aussi travaille dans ce groupe. Il m'a donné ma chance en télé. Il a été le premier à m'ouvrir les portes des studios, il a toujours été là pour moi. Je lui dois beaucoup, tu comprends…

Je soupire :

— On ne pourrait pas s'associer tous ensemble ?

C'est une idée folle, mais après tout pourquoi pas ? Je n'y comprends peut-être rien, mais l'idée de travailler avec eux tous m'enthousiasme !

— Je ne savais pas que Stéphane t'avait contactée, me répond Arthur. Quoi qu'il arrive, je ne marcherai pas sur leurs plates-bandes. Je les respecte.

*

Ma société a maintenant déployé une telle envergure que j'ai demandé à Valérie Benaïm de me conseiller un bon avocat – et même le meilleur. En effet, j'ai besoin d'un spécialiste des affaires liées à la télévision et à l'entertainment, comme on dit désormais en bon français. Je ne savais même pas si mon activité était légale et j'avais besoin de m'entourer de gens sûrs et compétents dans leur domaine.

Valérie m'a gentiment glissé le nom de Stéphane Hasbanian. Comme le monde est petit – en tout cas, le monde audiovisuel –, cet avocat se trouve défendre également les intérêts de Stéphane Courbit, d'Arthur et de Cyril Hanouna ! Depuis que j'ai fait appel à lui, il a toujours répondu présent. Stéphane est plus qu'un avocat, c'est un véritable allié. Immédiatement, il m'a traitée avec la même considération que Stéphane Courbit et Cyril Hanouna. Suite à mes nombreux rendez-vous avec les « prods », j'ai de nouveau besoin de l'avoir au téléphone. Voire plus que jamais.

— Je ne sais pas qui choisir, lui dis-je. Et si je m'associais avec tout le monde ?

— Vous parlez sérieusement, Magali ?

— Je pourrais donner 10 % à l'un, 10 % à l'autre, et ainsi de suite…

— Je n'y vois pas d'inconvénient, si tout le monde est d'accord. Mais une association avec autant de monde, c'est toujours compliqué…

Je n'en évoque pas moins le sujet avec Cyril et Arthur… qui n'ont rien contre l'idée, à ma grande surprise. Mon avocat me félicite d'avoir réussi à les mettre d'accord. Il est vrai qu'il les aime beaucoup tous les deux. Quant à moi, je n'en reviens pas d'être au centre des négociations.

Elles dureront plusieurs semaines. En fin de compte, c'est avec Stéphane Courbit que je m'associerai. Le discours humain et professionnel de Stéphane a fini par me convaincre, puis c'est l' associé de mon ami Cyril Hanouna qui à déjà tant fait pour moi.

Après plusieurs rendez-vous, j'ai fini par comprendre que Stéphane Courbit était au centre de tout. L'immense avantage de Banijay et de son président, c'est qu'ils possèdent déjà des sociétés de production audiovisuelle dans dix-sept pays ; pour moi qui rêve de m'exporter à l'international, il est la personne idéale. Mais je suis très reconnaissante à Arthur de ses conseils et propositions, nous avons d'ailleurs collaboré ensemble pour d'autres choses. Ah Productions, avec qui nous sommes en étroite collaboration, respecte beaucoup notre travail.

Quand je fais le bilan de ces mois de négociations, je peux m'estimer satisfaite. Banijay apporte une crédibilité nouvelle à Shauna Events. Avec ce puissant groupe à mes côtés, je passe dans une autre dimension. Shauna Events se développe aujourd'hui à l'international.

*

2017… J'ai trente-cinq ans, je suis mariée depuis onze ans et j'ai trois enfants. Ma vie a été remplie d'épreuves. Pas une nuit, je n'ai dormi sereinement. Je n'ai jamais pris de congés, pas même de maternité. À croire que ma vie était faite pour regarder les autres se prélasser à Saint-Tropez ou à Juan-les-Pins.

Jusqu'à cet été où, pour la première fois de ma vie, je pars en vacances en famille. Je découvre des joies et des sensations que je ne connaissais pas. Et je ne saurais dire qui, de mes filles ou de moi, sont enfin les plus heureuses.

10

Préparez-vous !

La société Shauna Events emploie aujourd'hui vingt-sept salariés et compte près de deux cents personnalités médiatiques sous contrat. Nous nous occupons de la communication de plus de deux cents sociétés et ce chiffre augmente chaque mois. Shauna Events est devenue en moins de deux ans la principale agence française de communication et de « marketing social ».

Pas une journée ne passe sans que je me rappelle d'où je viens, le chemin parcouru, les obstacles qui se sont dressés sur ma route et que j'ai franchis à force de ténacité, portée par l'amour de Samuel et de nos filles.

Il y a quelques mois, j'ai reçu des nouvelles de Julien, mon ancien patron dans les assurances. Il semble qu'il ait trouvé d'autres victimes sur lesquelles exercer ses talents d'esclavagiste. Je n'ai été, somme toute, que son premier cobaye. Sa technique, c'est avec moi – ou plutôt à mes dépens – qu'il l'a mise au point ; il ne lui restait plus qu'à l'exploiter sur des dizaines d'autres personnes. Ou du moins à tenter de le faire, car ses victimes se sont révélées moins dociles, moins fragiles, moins dépendantes que je ne l'ai été. Elles se sont libérées plus rapidement. Et, surtout, elles ont trouvé le courage de porter plainte contre lui. D'après les informations qui me sont parvenues, tous les biens de cet homme sont aujourd'hui saisis. Il n'a pas le droit de quitter le territoire et attend son procès devant le tribunal correctionnel.

Je ne pardonnerai jamais à Julien de m'avoir volé ma confiance en moi. Je suis sortie de l'expérience convaincue de n'être bonne à rien. Heureusement, j'ai puisé en moi la force de me reconstruire peu à peu, de prendre un nouveau départ et de saisir ce cadeau du ciel qu'est Shauna Events.

Le plus drôle, c'est que les mêmes personnes qui me jetaient des pierres à cette époque et me tournaient le dos, comme si j'étais le chat le plus noir de la ville de Nice, me poursuivent aujourd'hui pour me jurer qu'ils se trompaient et faire amende honorable. Voilà aussi ce que la vie m'a appris : le succès tourne les têtes et favorise l'hypocrisie.

La vie réserve de tels retournements… Presque toutes les personnes qui sont parties avec Julien et avec qui il a réussi à me brouiller, me faisant passer auprès d'elles pour ce que je n'étais pas, sont aujourd'hui en procès avec lui et viennent me présenter des excuses. Les agissements de Julien leur ont ouvert les yeux. Cela me touche, bien sûr, mais le mal est fait. Des années durant, j'ai été traînée plus bas que terre. Je me suis sentie coupable d'une situation que je ne comprenais pas. En réalité, j'étais sous l'emprise professionnelle d'un pervers narcissique.

Seulement, la roue finit par tourner tôt ou tard. Moi qui accumulais les problèmes de toutes sortes, je suis devenue une femme d'affaires heureuse, épanouie et déterminée. J'étais au bord du suicide et me voici à la tête d'une entreprise moderne, familiale et pleine d'espoir, dont le chiffre d'affaires dépasse celui de certaines sociétés de production de quinze ans d'âge ! Personne n'y aurait cru voici encore deux ans, pas même moi.

Pour autant, je n'aime pas voir les gens souffrir et je suis croyante. Je suis convaincue qu'il me fallait passer par tant d'épreuves pour faire connaissance avec moi-même et trouver ma voie. Tous ces obstacles sur mon chemin avaient pour but de m'y préparer. Mais ce miracle, car c'en est un, n'est pas sans prix. J'ai sur les épaules une pression que peu de gens supporteraient. Je m'occupe seule de près de deux cents célébrités toutes uniques. Merci à elles ! Merci à la vie ! Merci à D. !

Quand j'y repense, je ne peux m'empêcher de me dire que le *rav* Eli avait raison : j'étais vouée, dès la naissance, à passer d'un extrême à l'autre, de la misère à l'abondance. Et la seule personne qui me soit restée fidèle dans l'un et l'autre cas, c'est Samuel, mon mari. Il a toujours été présent. Il s'est tenu à mes côtés. Il m'a soutenue et encouragée. Il m'a arrachée au désespoir. Nous allons fêter cette année nos douze ans de mariage et notre famille est plus soudée, plus unie que jamais.

*

Pour mes influenceurs et influenceuses, je sais que je ne suis pas un simple agent. Pour certains, je suis même plus qu'une amie. Il est vrai que je veille sur eux comme une vraie mère. Je les écoute, je les console et les conseille. Souvent, ils viennent passer le week-end à la maison. Je sais que Shauna Events doit une bonne part de son succès à cette proximité, au lien que j'ai noué avec mes « petits people ». Je les aime et ils me prouvent tous les jours leur gratitude. Ils gagnent leur vie et je gagne la mienne.

De nos jours, être candidat dans une émission de téléréalité est devenu un métier, une carrière. À l'origine, ces jeunes gens se lançaient dans l'aventure par jeu, sans trop réfléchir et sans trop se soucier de l'avenir, en tout cas sans en étudier les tenants et les aboutissants, sans s'intéresser à la sociologie de l'affaire, ni au fait que de nouveaux jobs ne cessent d'être créés par l'évolution constante de l'économie médiatique.

Les chaînes conçoivent désormais les programmes de téléréalité en termes de « séries ». Et les candidats qui prennent le mieux la lumière passent d'une émission à l'autre, comme les acteurs enchaînent des rôles. Les candidats gagnent mieux leur vie dans les opérations post-tournage que lors des émissions proprement dites. N'est-ce pas le signe fort d'une évolution particulière ? N'est-ce pas la preuve qu'une profession est née ?

Bien sûr, la diffusion du programme demeure un moment crucial. C'est le temps où les « followers » arrivent en masse et se multiplient. Ces mêmes followers qui assureront ensuite le succès des promotions et dont le nombre équivaut à de futurs revenus, tout sauf négligeables.

Inversement, quand la dernière émission d'un people remonte à six mois, que son contrat n'est pas renouvelé pour une nouvelle saison, il voit le nombre de ses abonnés se tarir mécaniquement et la demande des marques suivre le même chemin. Cette situation, il doit alors la regarder comme un encouragement à travailler davantage, à reconquérir du crédit, à préserver sa part de marché au sein du réseau.

Tout le monde connaît Jeremstar, un blogueur et chroniqueur télé qui s'est spécialisé dans l'univers people et la téléréalité. Interrogé sur le jeune public fidèle à des programmes tels que « Les Anges », ou « Les Marseillais », il le décrit comme « un public versatile, sans pitié et avide de scandale[1] ». Ces téléspectateurs inclinent facilement à oublier les anciennes vedettes, à les remplacer dans leur cœur par de nouveaux venus. Il importe donc d'aider ces vedettes à rester dans le tableau, sous peine de leur voir perdre leur notoriété et donc leur « gagne-pain ». C'est le rôle de ma société, Shauna Events.

Toutefois, si les candidats ont le droit d'agir à leur guise dans le contexte des émissions proprement dites, ils doivent savoir qu'une fois sortis et membres de mon agence je ferai tout pour leur éviter de tomber dans le scandale ou les mauvais buzz. Ils verront que je me montre très sourcilleuse sur les publications de mes protégés. Ils le savent et ils savent que j'agis ainsi dans leur intérêt, car les marques qu'ils seront amenés à représenter n'ont rien à gagner d'une personnalité qui fait parler d'elle en mal ou qui se construit une réputation douteuse. Une bonne partie de mes efforts est orientée dans ce sens ; mais il est vrai que les choses, quelquefois, peuvent échapper à ma vigilance, ce que je regrette.

---

1. « Complément d'enquête : Fric Story », France 2, 12 octobre 2017.

*

Ceux qui me manifestent le plus de reconnaissance sont les anciens de la téléréalité. Ils savent qu'il y a un avant et un après Shauna Events. Naguère, la saison bouclée, ils devaient multiplier les castings en espérant décrocher une autre émission de téléréalité. Ils le faisaient pour s'amuser ou pour tâcher de se faire connaître. Désormais, le jeune homme ou la jeune femme recrutés dans un programme de ce type sait qu'une activité d'influenceur lui sera offerte à la sortie.

Tous et toutes ne sont pas faciles à gérer ! Certains se mettent « en mode négociation », là où les anciens commençaient par dire merci ! On peut dire que les comportements ont changé en très peu d'années, sinon en quelques mois. Quand on pense que je me suis lancée dans cette entreprise non dans le but d'en faire une profession, mais pour saisir une opportunité ! Mes célébrités gagnent très bien leur vie. Ils n'ont donc pas à se plaindre de mes services. Mais je vois à présent des concurrents émerger. Les stratagèmes qu'ils déploient quelquefois pour débaucher mes people me laissent abasourdie. Ils vont jusqu'à utiliser le mot « events », dans l'espoir de créer la confusion et de tirer leur épingle du jeu.

Être influenceur suppose d'avoir une personnalité tendance. Il faut être à la mode et populaire, au risque de perdre sa part de marché. Certains candidats à cinq cent mille followers s'étonnent d'être moins bien rémunérés que tel ou tel collègue à trois cent mille. Ils ne comprennent pas que le candidat à trois cent mille followers, dans certains cas, sort tout juste d'une émission ! Il est encore dans la boucle. Son visage, son corps, sa voix continuent d'occuper les esprits. Il a suscité un engouement et fait peut-être l'objet d'une forte demande de la part des marques. Dans ce domaine, la loi du marché fonctionne à plein régime. L'offre et la demande ! Le montant alloué pour une publication promotionnelle dépendra toujours de la visibilité du candidat, de la date de sa dernière apparition sur le petit écran et du nombre d'abonnés qui le suivent sur les réseaux.

Il arrive également que les candidats, au sortir d'une émission, bavardent entre eux et comparent leurs tarifs. Alignent-ils systématiquement des chiffres sincères ? J'avoue que j'en doute. Mon rôle consiste à faire de la pédagogie, à expliquer comment atteindre tel ou tel chiffre. Les crises ne sont pas rares. Je sais que j'ai affaire à des humains et que les humains ne sont pas faciles à gérer.

La clé de mon succès ? Elle tient, je pense, à l'amitié que je porte à mes protégés, à la tendresse particulière que je donne à chacun d'entre eux. Laissez-moi, pour finir, vous présenter certains d'entre eux dont je ne vous ai pas encore parlé…

*

Adixia, des « Marseillais », est une des filles les plus photogéniques que je connaisse. DJ de talent, son univers, c'est la musique. De temps en temps, elle oublie de faire ses posts et rate des opportunités. Elle le sait mieux que quiconque, mais c'est une artiste. Et je respecte son monde intérieur. Et puis comment lui en vouloir, avec son regard attendrissant et son sourire sincère !

Anaïs Camizuli est sortie victorieuse de « Secret Story 7 », des « Anges » et de « La Villa des cœurs brisés ». Elle est entrée chez moi très tôt. Pourtant, au bout d'un mois, elle décidait de partir, estimant que j'acceptais trop de monde et que je n'aurais jamais le temps de m'occuper d'elle. Bref, elle avait grande envie d'aller voir si l'herbe n'était pas plus verte ailleurs. Et cet ailleurs, en l'occurrence, avait un nom : l'inévitable Monsieur B.

La vérité, c'est qu'il a réussi à monter Anaïs contre moi. Après son départ, nous avons été en froid. Nous avons cessé de nous voir pendant une année entière. Puis elle a demandé à revenir chez Shauna Events. Survient l'affaire Brandsprivate[1]. Je deviens la cible d'attaques sur les réseaux sociaux. Or le feu a été allumé par nul autre que mon concurrent, Monsieur B. !

Aussitôt, Anaïs se range de mon côté. Elle m'envoie un message décrivant le lavage de cerveau auquel se livrait ce manipulateur. Je suis si heureuse de cette lucidité retrouvée ! Et d'avoir le soutien d'Anaïs, une fille pour qui, au fond, j'ai beaucoup d'affection.

Depuis, Anaïs a trouvé l'homme de sa vie, elle a grandi. Quel bonheur de la voir ainsi évoluer et de travailler avec elle !

Un jour, alors qu'elle tournait dans « La Villa des cœurs brisés », Jazz m'appelle du plateau pour me parler d'un certain **Anthony Matéo** qui, selon elle, devrait absolument entrer chez Shauna. Anthony a participé à « La Belle et ses princes presque charmants », programme qui met en scène une jolie

---

1. Voir p. 154 et suivantes.

célibataire qui recherche l'amour. La jeune femme est priée de choisir : d'un côté, des garçons au physique atypique mais au grand cœur ; de l'autre, des hommes dont l'atout principal – et peut-être le seul ! – est un physique avantageux.

Anthony appartient au groupe des physiques avantageux. Sa photo me parvient. Dans les bureaux de l'agence, c'est l'excitation. Les exclamations fusent : « Qu'il est beau ! » C'est l'unanimité. Comment résister à un tel cri du cœur ? Le contrat est conclu par téléphone et Anthony rejoint l'écurie de Shauna Events.

Aussitôt, la chargée de communication de Natural Mojo lui confie des posts hebdomadaires. Il ne tarde pas à devenir un excellent influenceur. Bien entendu, il attire l'attention des agences concurrentes. Mais elles en sont pour leurs frais : Anthony Matéo refusera toujours de me quitter. Sa réponse aux démarcheurs est invariable :

— Quand bien même vous m'offririez trois fois ce que je gagne, je ne quitterais pas Shauna.

Anthony était un inconnu lorsqu'il est entré chez moi. Aujourd'hui, il ne me cache pas sa gratitude.

Les fidèles des « Anges », de « Friends Trip » et d'autres émissions apprécient **Astrid**, la belle Asiatique pulpeuse. Je n'avais pas chez moi de profil comparable au sien. Astrid est une fille absolument exquise et délicate, touchante et affectueuse. Elle fait partie des fidèles qui viennent passer le week-end à la maison. Astrid est comme une petite fille qui n'a pas encore grandi, ce qui la rend si touchante. D'ailleurs, c'est la seule qui arrive à se disputer avec ma fille Shauna ! C'est bien simple, elles s'aiment autant qu'elles se chamaillent…

Lorsque j'ai fait la connaissance de la jeune Belge **Aurélie Dotremont**, elle venait de se faire avoir par son agent qui lui avait fait miroiter une marque de cosmétiques, avant d'oublier de la payer. Aurélie était très sensible, naïve, complètement perdue, entourée de gens peu recommandables qui ne songeaient qu'à profiter d'elle. Elle pensait avoir une société, une marque, mais la société n'était même pas à son nom. Elle était complètement exploitée. Elle n'avait même pas accès à son compte Twitter ! Je l'ai prise sous mon aile et l'ai aidée à régulariser sa situation. Aujourd'hui, dans l'agence, elle est comme ma fille, j'ai vraiment eu un coup de cœur pour elle. Elle s'est stabilisée, a pris un appartement et peut espérer un bel avenir.

Aurélie m'appelle maman, notre relation est vraiment fusionnelle. De nature ultrasensible, elle est très attentive à ce que les gens disent d'elle. C'est ainsi qu'elle est restée longtemps en froid avec Milla ; mais, quand je lui ai expliqué que celle-ci était une personne bien qui n'était pas médisante à son sujet, j'ai vu ses yeux se mouiller... Je ne lâcherai jamais Aurélie : elle me fait tellement penser à moi quand j'étais plus jeune.

Jessica Errero, *alias* Jessi (« Les Marseillais », « Moundir et les apprentis aventuriers ») a débuté chez moi. Devenue très populaire, elle a rejoint un concurrent, attirée par de fabuleuses promesses. Les vautours sont désormais légion dans le milieu de l'audiovisuel. Elle a compris qu'il ne lui vendait et ne lui vendrait jamais que du vent. Elle m'a appelée. Elle voulait revenir chez moi. Et j'ai accepté de la reprendre. Pour deux raisons.

La première, c'est que ce genre d'aventure me sert d'exemple. Ou, plus exactement, de contre-exemple. Grâce à des filles comme Jessi, je peux dire à celles de mes clientes qui manifestent les mêmes velléités :

— Réfléchis bien et pense à ce qui s'est passé avec Anaïs, Jessi et quelques autres. Elles sont toutes revenues. Pourquoi, à ton avis ?

La seconde raison, c'est que j'ai tendance à me montrer indulgente. Mes peoples sont jeunes. Qui leur reprocherait de croire en leurs rêves ? C'est à cause du manque d'expérience qu'ils se laissent aveugler par ces miroirs aux alouettes. C'est pourquoi je ne les retiens pas. Je les laisse partir en me disant : « Toute leçon est bonne à vivre. » En général, ils me reviennent, moins déçus par le manipulateur qui les a trompés que par eux-mêmes, pour s'être laissé abuser. La leçon est comprise.

En fin de compte, je suis heureuse de l'avoir de nouveau chez moi. Jessi a un potentiel énorme. Elle démarrait à peine lorsque je l'ai connue et, quand elle est partie, j'ai éprouvé un arrachement. Mais Jessi sait reconnaître ses erreurs et se remettre en question : c'est aussi pour ça que je l'aime.

J'ai connu **Nikola Lozina** lorsqu'il était le compagnon de Jessica Thivenin. J'ai suivi de près leur histoire d'amour tumultueuse, jusqu'à leur séparation. Entre eux, c'était un drame passionnel permanent. Il m'arrivait de les consoler en cherchant à arranger les choses.

Nikola, que le public connaît comme un grand macho rigolo, est en effet toujours prêt à rire et à s'amuser, mais il est aussi très sentimental. Loin de l'image qu'il montre à la télévision, il est le seul garçon dont je m'occupe qui ait versé des larmes devant moi… Et cela m'a beaucoup touchée.

Niko est un garçon sensible. S'il lui arrive de partir au quart de tour, il finit toujours par s'excuser comme un petit garçon. Comment lui en vouloir ? La première fois que je l'ai vu, il était venu faire shabbat à la maison et ne comprenait rien au rituel… c'était si drôle ! Une autre fois, il a pris la harissa pour du ketchup et en a tartiné son poulet. Il est devenu rouge écarlate, je crois n'avoir jamais autant ri ! Selon moi, il fait partie des meilleurs candidats de téléréalité car il ne se prend vraiment pas au sérieux.

Manon Marsault était enceinte lorsque son compagnon Julien Tanti et elle ont été publiquement attaqués par une candidate de téléréalité. Celle-ci faisait également partie de mon agence. Elle s'était disputée avec Manon, et les noms d'oiseaux fusaient de part et d'autre. Je n'aime pas l'acharnement sur les réseaux sociaux, *a fortiori* contre une femme enceinte. Je veux que mes célébrités se tiennent : elles représentent des marques et elles représentent mon agence. Je leur ai donc demandé, à toutes les deux, de cesser leurs disputes.

Manon m'a écoutée : elle a supprimé tous ses messages. J'ai appelé l'autre candidate pour lui conseiller d'en faire autant. Elle m'a donné sa parole, mais une semaine plus tard je la découvre dans la baignoire de Jeremstar : rien de mal à ça, si ce n'est que tout au long de l'interview elle ne parle que de Manon et Julien ! J'estime avoir le droit de travailler avec des personnes que j'aime et en qui j'ai confiance. L'authenticité de mon agence en dépend. Très déçue, je décide donc, à tort ou à raison, de ne plus travailler avec elle. Sa réaction ? Elle transfère aussitôt mon message à Jeremstar, afin qu'il en fasse un article… !

Manon est une jeune fille qui devient maman. J'étais auprès d'elle pendant ses hauts et ses bas avec Julien. Leur amour est passionnel et sincère, je suis convaincue qu'ils feront d'excellents parents, débordant d'amour.

Personnage phare des « Marseillais », **Paga** est un génie ! En plus d'être un DJ reconnu, il a dix idées farfelues à la minute, mais il a le business dans le sang. Il a la générosité de vouloir m'associer à tout ce qu'il fait. C'est une des plus sensibles de mes célébrités. Paga est un garçon rempli d'amour. Je l'ai vu tellement triste de sa séparation avec Adixia ! Aujourd'hui, je pense qu'il a trouvé sa petite perle. Encore une belle rencontre !

Un jour, **Ricardo** m'appelle pour m'annoncer qu'il va être placé en garde à vue avec sa femme Nehuda, pour maltraitance sur leur fille. À la suite d'une dispute, Ricardo a jeté son téléphone, lequel a atterri par accident sur le visage de leur bébé. Aussitôt, la presse et les réseaux sociaux se déchaînent sur le couple… et sur moi, qui persiste à les garder dans mon agence. Connaissant Ricardo et Nehuda, je sais qu'ils sont d'excellents parents et qu'ils adorent leur fille. Pour moi, il est inconcevable qu'ils aient maltraité leur enfant. Peu importe la *vox populi* : je soutiens mes artistes, quand bien même les annonceurs se sont mis en retrait durant l'enquête. Je me dois d'être là, pour le meilleur et pour le pire. Car, quand ma conviction est faite, je vais jusqu'au bout.

L'enquête m'a donné raison, puisque le couple a été totalement blanchi des accusations qui pesaient sur lui.

Il y a beaucoup de monde dans mon agence. Impossible ici de citer les noms de tous mes amis. Mais comment ne pas dire un mot, pour finir, de mon coup de cœur du moment : le débonnaire **Jaja** ? Il a été le coiffeur d'Ayem Nour, avant de se lancer lui aussi dans la téléréalité en participant à « Secret Story », aux « Vacances des Anges » et au « Mad Mag », en tant que chroniqueur. C'est un garçon charmant et très drôle. Nous avons partagé des soirées mémorables. Quand j'avais des problèmes, quand le doute s'emparait de moi, je pouvais compter sur lui pour me remonter le moral…

ÉPILOGUE

Il règne en France une ségrégation très forte entre les candidats de téléréalité et les autres vedettes venues du petit écran – journalistes, animateurs, chroniqueurs. Une barrière infranchissable s'est dressée entre ces deux mondes. Ceux et celles qui travaillent pour la télévision « classique » refusent généralement d'être assimilés à ce qu'ils regardent comme des jeunes désœuvrés et non structurés.

Pour les côtoyer tous les jours, je sais que tous ne peuvent se vanter d'un parcours scolaire éblouissant. Si c'était le cas, ils seraient sur les bancs de l'université, et non pas sur les plateaux de ces programmes. Mais, au lieu de les stigmatiser, ne pourrait-on commencer par s'intéresser à leur parcours ? Sait-on, par exemple, que nombre d'entre eux trimballent des blessures d'enfance, voire des traumatismes encore douloureux ? Souvent, ils ont grandi dans des familles désunies ou dysfonctionnelles, qui leur offraient peu de chances en matière d'épanouissement personnel. Beaucoup manifestent un énorme besoin d'amour et de reconnaissance.

Quand j'ai commencé à travailler avec eux, j'avais moi-même connu des hauts et des bas vertigineux. Je les ai racontés dans ce livre. J'étais en demande d'amour, de succès, d'expériences un tant soit peu gratifiantes ! Nous nous sommes trouvés, eux et moi. Et, en un sens, nous avons grandi ensemble.

Pour certains, être dépeints comme de petites cervelles, dotées de QI à deux chiffres, ne fait qu'ajouter à la liste de leurs complexes et de leurs souffrances. Or, ce ne sont pas de petites cervelles. Au contraire, quel que soit leur niveau d'instruction, ce sont des personnalités intelligentes et sensibles, humainement et professionnellement.

Les émissions de téléréalité ont beau être décriées, elles poussent leurs candidats à s'analyser, à se dépasser, à se trouver, à démontrer des qualités. C'est naturellement aux écorchés vifs que va la préférence des productions. Elles cherchent à produire en plateau ce qui attise l'intérêt du téléspectateur : les cris et les larmes. Par la suite, elles n'hésitent pas à insister sur les crises de nerfs et à susciter des discussions où éclatent au grand jour les lacunes culturelles des participants.

Qu'on le veuille ou non, nous vivons à l'ère du buzz et du zapping. C'est notre époque et l'on n'y peut rien. Chacun est obligé d'y tracer sa route avec les moyens que la vie lui a donnés. Et le mépris, quelle qu'en soit la victime, demeure une attitude condamnable, d'où qu'elle vienne.

Non contents d'être dénigrés par la presse et méprisés par les journalistes sous l'œil complaisant des caméras, les candidats doivent affronter quotidiennement le sadisme qui règne sur les réseaux sociaux. Peu sont naturellement capables d'endurer une pareille violence. L'agressivité à laquelle mes artistes sont soumis est parfois effroyable. Et le placement de produits ne suffit pas toujours à apaiser les souffrances et les frustrations qu'elle fait naître.

On leur reproche de flatter le voyeurisme des téléspectateurs, de céder à l'appât du gain, de vouloir réussir en étant paresseux. Mais nombre d'entre eux assument pleinement leurs choix, et c'est tout à leur honneur. Je note qu'ils se montrent souvent très solides face à l'adversité, plus solides que bien des donneurs de leçons. Il arrive que les animateurs et journalistes de télévision suscitent des polémiques pour un dérapage, un lapsus, un mot de travers ; les candidats de téléréalité, eux, naviguent en permanence sur des mers démontées.

Je pense à Jazz, par exemple, qui a vécu l'enfer avec Chelsea, sa fille de quatre mois. À la suite d'une dispute avec un jeune sur les réseaux sociaux, quelqu'un a publié la photo de son bébé. Ces photos ont servi à créer de faux comptes sur Instagram. Et les images ont paru ainsi légendées : « Chelsea, future pute de luxe. » N'est-ce pas tout simplement ignoble ?

C'est une réalité qu'il faut accepter de regarder en face : les jeunes générations se lâchent sur les réseaux sociaux, elles s'y expriment sans aucun tabou et dans la plus parfaite impunité. L'heure n'est-elle pas venue de réglementer ces pratiques ? A-t-on déjà oublié que des adolescents, garçons et filles, victimes de cyber-harcèlement, se sont donné la mort ?

Je travaille avec les réseaux sociaux. Ils sont pour moi une source de revenus. Mais je n'en demeure pas moins vigilante. Je sais mieux que personne que Twitter et Instagram, du fait de la grossièreté, de la violence de certains posts, peuvent précipiter une personne en enfer. Il suffit qu'une meute de harceleurs s'en prenne à vous : ils vous persécuteront jusqu'à l'épuisement. C'est précisément ce qui guette au quotidien les candidats de la téléréalité devenus influenceurs.

Ces jeunes gens sont pris comme en étau entre les « professionnels de la profession » qui les dénigrent et les inconnus qui les traînent dans la boue. Comment en sortir par le haut ? Certains y parviennent en se construisant une autre vie, tel Julien Tanti, le plus célèbre des « Marseillais », qui a inauguré son restaurant dans la cité phocéenne et lancé une ligne de vêtements de sport. Thibault Garcia, des « Marseillais » et des « Anges », a fait de même : il a créé sa propre marque de produits de blanchiment dentaire. Son entreprise emploie aujourd'hui une dizaine de salariés. Jessica Thivenin, enfin, a investi dans un salon de coiffure ; c'était le projet qui lui tenait à cœur, avant même qu'elle entre dans l'univers impitoyable de la téléréalité.

Aujourd'hui, ce secteur est devenu ultraconcurrentiel. Les programmes de téléréalité représentent un enjeu industriel qui se chiffre en millions d'euros. Les productions ont désormais l'obligation de choisir leurs candidats avec le plus grand soin, de conserver les meilleurs, de les retenir par tous les moyens, d'éviter qu'ils ne partent sur une autre chaîne. Les différentes « prods » se livrent à une guerre ouverte. Certaines font grimper les prix pour attirer à elles les candidats les plus connus. D'autre n'hésitent pas à enrôler des postulants déjà sous contrat avec une autre société...

Faut-il pour autant qualifier ce milieu de malsain ? Je ne le pense pas. Mes jeunes clients, qui sont aussi mes amis, ne sont pas des pervers. Ce sont des gens normaux qui tentent honnêtement de faire un bout de chemin dans la vie. Il n'est pas improbable que gravitent autour d'eux des escrocs, des agents peu scrupuleux ou de pseudo-hommes d'affaires cherchant à abuser de leur naïveté. Mon devoir, alors, est de protéger mes artistes. Rares sont ceux qui posent sur eux un regard bienveillant ! Amitié et compréhension sont des valeurs naturelles. Et, si ces jeunes gens n'ont pas à rougir de leurs choix, je suis la première à me déclarer fière du chemin parcouru avec eux, de tout ce que nous avons entrepris là où personne ne nous attendait.

Enfin, n'oublions pas les marques. J'ai contribué à en faire connaître quelques-unes. Elles débutaient, étaient parfois très modestes et jouissaient de peu de visibilité ; elles ont fini par se tailler une place grâce aux réseaux sociaux. Cette nouvelle économie doit beaucoup aux promos réalisées par mes clients. Aujourd'hui, certaines d'entre elles embauchent et j'en suis fière. Je ne doute pas, d'ailleurs, que ce secteur connaîtra une forte croissance dans les années à venir.

Nombre de concurrents surgiront, je le sais. Mais, pour la première fois de ma vie, j'observe l'horizon avec confiance et sérénité. Quoi qu'il puisse arriver demain, j'aurai été pionnière dans ce domaine. Et cela, personne ne pourra me l'enlever. Après ce que j'ai vécu, me voilà prête à surmonter toutes les épreuves. En attendant, je compte bien ne pas me laisser déborder. Je n'ai aucune envie de céder ma place sur le podium.

Alors, préparez-vous !

Table

Remerciements

Ce livre est un livre d'espoir, une revanche sur la vie.

En premier lieu je veux exprimer toute ma gratitude à mes grands-parents. Mon grand-père sera toujours présent dans mon cœur, quoi qu'il m'arrive. Il est ma protection, l'homme parfait, idéal. Ma grand-mère que j'aime tant est mon modèle et mon équilibre, car c'est elle qui m'a sorti du panier de crabes et m'a sauvé la vie. Cette femme forte est « mon oreiller » et je suis son « bâton de vieillesse », comme elle m'appelle ! Mamie, ce livre est pour toi. Je sais qu'il sera ta grande fierté. Je suis si heureuse que tu sois encore là pour le lire. On n'a pas fait tout ça pour rien ! Je t'aime.

À ma mère, une femme simple et profondément gentille – trop ! –, je veux dire que je ne lui en veux pas. J'en veux aux hommes qui ont profité de sa gentillesse. Quoi qu'il arrive, tu es ma mère, ma quatrième fille. Tu fais partie de ma vie et de mon être.

Samuel, mon mari, je t'aime de tout mon cœur. Pardon si ma vie t'a fait souffrir, mais tu es mon ange gardien, ma stabilité, l'homme le plus droit et honnête que je connaisse. Le père que j'avais rêvé d'avoir pour nos trois magnifiques princesses, Shauna, Victoria et Shelly. Je donnerais ma vie pour elles. Pardon pour mes absences, mais notre famille n'a jamais été aussi soudée. Je vous aime du plus profond de mon âme. Vous êtes toute ma vie.

Je tiens à dire à ma belle-famille que, si nous n'avons pas toujours su nous comprendre, je respecte l'amour qu'il y a entre vous. Vous demeurez à mes yeux un modèle de cellule familiale. Vous avez élevé votre fils à merveille, afin qu'il devienne l'homme qu'il est aujourd'hui.

Merci à Samyra, Émilie et Aurore de m'avoir aidée. La vie ne m'a pas fait de cadeaux et j'ai embarqué trop de gens dans mes galères, mais j'ai toujours essayé de faire face et refusé de baisser les bras.

Fanny, mon étoile, je ne t'oublierai jamais, et toi non plus, Ornella… Nos routes se sont croisées, ce n'était pas pour rien.

Merci à Chantal Blint, Nathalie, Leila, Marie, sans oublier Catherine et Madeleine, deux femmes remarquables qui ne sont plus là aujourd'hui et que je n'oublierai jamais.

Sandrine et Pierre, vous m'avez appris la valeur du travail, la reconnaissance du ventre et surtout le respect de l'employeur : merci pour cette leçon.

Merci à Anouar, Corine, Angela, Gabsi, Farcy, Anna, Latifa et Dylan. Nous étions nombreux quand tout allait bien et si seuls quand tout allait mal ! Je n'oublierai jamais ce que nous avons vécu. Une parole est une parole : ensemble jusqu'au bout !

Xavier et Dabo se donnent sans compter pour Shauna Events. Ils me soutiennent avec fidélité et loyauté. D. vous a mis sur mon chemin lorsque j'étais si faible. Merci d'être là pour moi, vous faites partie de mon histoire.

Merci à toi, Cyril. Sans toi, je n'en serais pas là aujourd'hui. Je sais à quel point tu es humble. Te rends-tu compte de ce que tu apportes aux autres ? C'est encore ce qui est le plus beau chez toi. Merci pour ton amitié, et merci à toute l'équipe de « TPMP » de m'avoir adoptée. Je sais que ce n'est pas mon métier, ça ne le sera certainement jamais, mais vous m'avez accueillie comme dans une grande famille. Je pense d'abord à Diego, Odelson et Mokhtar de la « sécu », mais aussi à tous les autres, les maquilleuses, les coiffeuses, les chroniqueurs, le staff de Cyril : tous sont à son image, si généreux et accueillants. Merci tout particulièrement à Gilles pour sa préface : tu occupes une place à part dans mon cœur.

Stéphane Hasbanian est le meilleur avocat que j'aie jamais rencontré : loyal, droit et tellement impliqué. Sans vous, je n'en serais pas là aujourd'hui. Quelle chance de vous avoir à mes côtés !

Et quel honneur pour moi de pouvoir travailler avec une personne comme Stéphane Courbit. Chaque matin, quand je me lève, mon premier objectif est de ne surtout pas régresser. Ton parcours est unique, tu es un exemple pour moi. Je ne voudrais surtout pas te décevoir. Merci d'avoir cru en moi et en mes projets. Et merci à Florence de nous avoir présentés. Observer une femme qui se bat comme toi dans ce milieu est une chance exceptionnelle.

Antoine, j'admire ton dévouement. Toi aussi, je te vois te battre. Tu gères une société de production de taille familiale que tu mènes comme un chef au milieu des colosses.

Qui aurait cru que Benjamin Castaldi serait l'une des personnes sur qui je pourrais vraiment compter dans « TPMP » ? Les choses étaient si dures entre nous. Mais la vie est pleine de rebondissements. Benjamin, sache que je te crois foncièrement bon, sans doute trop écorché par la vie : c'est peut-être pour ça que c'était plutôt explosif entre nous… mais, au bout du compte, quelle belle et surprenante histoire !

Lionel Stan, mon ami, qu'aurais-je fait sans toi ?

Fabien Delettre, Florian, merci pour votre soutien !

Ma Jess, mon amie pour la vie : sans toi, rien n'aurait été pareil.

Jazz, ce livre a tout dit : tu as grandi, tu es maman et je suis fière de toi !

Amélie, merci de m'écrire tous les jours comme tu le fais. Tu es pure, rares sont les personnes aussi reconnaissantes.

Ayem, qui aurait dit que j'allais me découvrir une sœur à l'âge de trente-cinq ans ? Ta mère t'a donné une éducation magnifique, j'ai rarement vu quelqu'un d'aussi élégant que toi.

Milla, ma confidente à qui je peux tout dire et qui ne dit jamais rien : tu es une épaule où je peux m'appuyer.

Manon, quand je te vois enceinte, je me dis que tu seras une maman exceptionnelle.

Carla, mon petit bébé ! Il suffit de t'entendre parler pour avoir envie de te protéger.

Hillary, tu avances en toute discrétion, mais tu es en train de devenir une géante, ma chérie ! Toi et moi le savons.

Fidji, tu ne m'as jamais quittée, tu es fidèle depuis le début.

Fanny et Nani, je suis tellement fière de vous !

Anaïs, merci d'être revenue, merci d'avoir compris et d'avoir grandi. Toi et moi, nous avons vécu tant de choses !

Jessy, j'ai eu tant de peine quand tu es partie… et j'ai tant de bonheur depuis que je t'ai retrouvée !

Je sais, mes remerciements sont longs… mais, quand on vient d'où je viens, il y a forcément beaucoup de personnes à remercier. Certaines m'ont aidée, parfois sans le savoir, à me relever et surtout à vivre. Si Shauna Events existe, c'est uniquement grâce à ce genre de personnes, à ces relations si sincères et loyales.

Julien, tu fais partie de ma famille, tu passes shabbat à la maison et nous fêtons Noël ensemble : quel meilleur exemple d'adoption ?

Kevin, tu es quelqu'un de bien. Chacun doit vivre sa vie, avec ses hauts et ses bas, mais les belles personnes s'en sortent toujours et tu en fais partie. Tu es comme un petit frère pour moi, ne l'oublie jamais !

Niko, mon Belge préféré ! Tu portes la joie de vivre sur ton visage. Je me souviendrai toujours de nos fous rires quand tu es venu faire shabbat à la maison et que tu commettais gaffe sur gaffe !

Antho, tu es un garçon loyal et reconnaissant, d'une éducation hors pair !

Thibaut, je sais que Jessica t'aime à la folie et je sais que toi aussi, tu la rends tellement heureuse. Tu es un businessman extraordinaire !

Raph, mon rebelle préféré ! Tu as un grand cœur, tu donnerais ta chemise pour les gens que tu aimes. Ta sensibilité me touche tellement.

Jaja-ma-vie, sans le savoir, tu m'as apporté tant de réconfort, avec ton humour naturel.

Beverly, je t'adore, tu ensoleilles mes journées ! Et surtout, surtout… merci d'avoir canalisé Vivian !

Elsa, je me souviendrai toujours du moment où tu es sortie des « Princes de l'amour ». Je n'avais jamais vu autant de comptes *fakes* déverser un si grand nombre de méchancetés… Je resterai toujours impressionnée par ton charisme. Avec tes frêles épaules d'étudiante, tu as su faire face avec un courage exemplaire.

Mon Julien Bert ! Je me souviens du jour où tu as pu t'acheter ta voiture : aussitôt, tu m'as fait un snap pour me remercier ! Tout ce qui t'arrive, tu l'as mérité. Tu n'as pas eu une vie facile, mais aujourd'hui je pense que tu l'as compris : tu es un être exceptionnel !

Julien Guirado, tu es mon meilleur agent. Et c'est grâce à Martika que j'ai découvert Snapchat. La seule chose qui t'intéresse, jolie Monégasque, c'est de passer du temps avec tes amies et de venir faire des crêpes à la maison, en toute simplicité ! Ne change surtout pas, Martika, car tu es une personne simple et gentille.

Kamila, ma beauté, j'ai rarement vu une personne avoir un tel succès et rester aussi humble. Quant à toi, Noré, tu es un gagnant dans l'âme ! J'apprécie l'artisan influenceur que tu es devenu. Oui, l'artisan : car tu n'oublies pas tes valeurs ni d'où tu viens.

Kim, ma chérie, tu es unique ! Il n'y a qu'une Kim Glow en France et je suis fière que tu sois chez moi.

Laura et Alain, je suis tellement heureuse que vous ayez choisi mon agence et que nous puissions développer tant de choses ensemble.

Mon Virgil, quel respect émane de toi ! Quelle belle éducation ! Surtout ne change rien, reste toujours l'homme que tu es.

Clara Morgane, tu es mon amie, je te dois beaucoup. Tu sais ma difficulté à m'exprimer, alors je le fais dans ce livre : merci, ma Clara ! Jamais je ne t'oublierai.

Cécile, j'ai trouvé en toi une grande sœur : merci pour ta sincérité.

Quand vous êtes dans le gouffre, les mains tendues sont rares. Jamais je n'ai pensé que je m'en sortirais, et je n'étais pas la seule. Comme quoi la vie est surprenante ! Alors merci à elle, merci à D. et merci à toutes celles et tous ceux qui m'ont apporté.

Un long chemin s'annonce maintenant sur lequel je vais devoir me battre comme une guerrière, mais j'ai la rage de vivre et d'avancer.

Un merci tout particulier, pour finir, à Jean-Claude, rencontre imprévue qui m'a ouvert les portes d'une amitié sincère. Je sais que je peux compter sur lui.

Merci à vous tous de me suivre au quotidien sur mes réseaux. Merci pour vos messages et vos témoignages. Si vous saviez à quel point vous m'aidez à vivre et à m'accrocher, sans jamais baisser les bras dans ce monde si nouveau pour moi !

La téléréalité m'a sauvé la vie. N'oubliez jamais que c'est un divertissement. Tous ses personnages sont là pour vous faire rire, vous détendre et vous arracher à vos problèmes. Ces jeunes généreux vous offrent leur quotidien sans se soucier de ce qu'ils vivront après, et D. sait qu'on ne les épargne pas ! Je continuerai à les défendre et à les représenter car je sais leur valeur. Ils sont ma famille.

AUX ÉDITIONS ARCHIPOCHE

37. Colleen McCULLOUGH, *La Maison de l'ange.*
38. Arièle BUTAUX, *Connard 2 !*
39. Kathy HEPINSTALL, *L'Enfant des illusions.*
40. James PATTERSON, *L'Amour ne meurt jamais.*
41. Jean-Pierre COLIGNON, Hélène GEST, *101 jeux de logique.*
42. Jean-Pierre COLIGNON, Hélène GEST, *101 jeux de culture générale.*
43. Jean-Pierre COLIGNON, Hélène GEST, *101 jeux de langue française.*
44. Nicholas DAVIES, *Diana, la princesse qui voulait changer le monde.*
45. Jeffrey ROBINSON, *Rainier et Grace.*
46. Alexandra CONNOR, *De plus loin que la nuit.*
47. BARBARA, *Ma plus belle histoire d'amour.*
48. Jeffery DEAVER, *New York City Blues.*
49. Philippe BOUIN, *Natures mortes.*
50. Richard NORTH PATTERSON, *La Loi de Lasko.*
51. Luanne RICE, *Les Carillons du bonheur.*
52. Manette ANSAY, *La Colline aux adieux.*
53. Mende NAZER, *Ma vie d'esclave.*
54. Gerald MESSADIÉ, *Saint-Germain, l'homme qui ne voulait pas mourir.*
    I. *Le Masque venu de nulle part.*
55. Gerald MESSADIÉ, *Saint-Germain, ui ne voulait pas mourir.*
    II. *Les Puissances de l'invisible.*
56. Carol SMITH, *Petits meurtres en famille.*
57. Lesley PEARSE, *De père inconnu.*
58. Jean-Paul GOURÉVITCH, *Maux croisés.*
59. Michael TOLKIN, *Accidents de parcours.*
60. Nura ABDI, *Larmes de sable.*
61. Louis NUCÉRA, *Sa Majesté le chat.*
62. Catherine COOKSON, *Jusqu'à la fin du jour.*
63. Jean-Noël BLANC, *Virage serré.*
64. Jeffrey FOX, *Les 75 Lois de Fox.*
65. Gerald MESSADIÉ, *Marie-Antoinette, la rose écrasée.*
66. Marc DIVARIS, *Rendez-vous avec mon chirurgien esthétique.*
67. Karen HALL, *L'Empreinte du diable.*

68. Jacky TREVANE, *Fatwa*.
69. Marcia ROSE, *Tout le portrait de sa mère*.
70. Jorge MOLIST, *Le Rubis des Templiers*.
71. Colleen MCCULLOUGH, *Corps manquants*.
72. Pierre BERLOQUIN, *100 jeux de chiffres*.
73. Pierre BERLOQUIN, *100 jeux de lettres*.
74. Pierre BERLOQUIN, *100 jeux de déduction*.
75. Stuart WOODS, *Un très sale boulot*.
76. Sa Sainteté le DALAÏ-LAMA, *L'Art de la sagesse*.
77. Andy MCNAB, *Bravo Two Zero*.
78. Tariq RAMADAN, *Muhammad, vie du Prophète*.
79. Louis-Jean CALVET, *Cent ans de chanson française*.
80. Patrice FRANCESCHI, *L'Homme de Verdigi*.
81. Alexandra CONNOR, *La Faute de Margie Clements*.
82. John BERENDT, *La Cité des anges déchus*.
83. Edi VESCO, *Le Guide magique du monde de Harry Potter*.
84. Peter BLAUNER, *Vers l'abîme*.
85. Gérard DELTEIL, *L'Inondation*.
86. Stéphanie LOHR, *Claude François, secrets de famille*.
87. Jacqueline MONSIGNY, *Floris*. I. *Floris, fils du tsar*.
88. Jacqueline MONSIGNY, *Floris*. II. *Le Cavalier de Pétersbourg*.
89. Arièle BUTAUX, *La Vestale*.
90. Tami HOAG, *Meurtre au porteur*.
91. Arlette AGUILLON, *Rue Paradis*.
92. Christopher REICH, *Course contre la mort*.
93. Brigitte HEMMERLIN, Vanessa PONTET, *Grégory, sur les pas d'un ange*.
94. Dominique MARNY, *Les Fous de lumière*. I. *Hortense*.
95. Dominique MARNY, *Les Fous de lumière*. II. *Gabrielle*.
96. Yves AZÉROUAL, Valérie BENAÏM, *Carla Bruni-Sarkozy, la véritable histoire*.
97. Philippa GREGORY, *Deux soeurs pour un roi*.
98. Jane AUSTEN, *Emma*.
99. Gene BREWER, *K-pax*.
100. Philippe BOUIN, *Comptine en plomb*.
101. Jean-Pierre COLIGNON, Hélène GEST, *101 jeux Cinéma-Télé*.
102. Jean-Pierre COLIGNON, Hélène GEST, *101 jeux Histoire*.
103. Jean-Pierre COLIGNON, Hélène GEST, *101 jeux France*.
104. Jacqueline MONSIGNY, *Floris*. III. *La Belle de Louisiane*.

105. Jacqueline MONSIGNY, *Floris*. IV. *Les Amants du Mississippi.*
106. Alberto VÁSQUEZ-FIGUEROA, *Touareg.*
107. James CAIN, *Mort à la plage.*
108. Hugues ROYER, *Mylène.*
109. Eduardo MANET, *La Mauresque.*
110. Jean CONTRUCCI, *Un jour tu verras.*
111. Alain DUBOS, *La Rizière des barbares.*
112. Jane HAMILTON, *Les Herbes folles.*
113. Senait MEHARI, *Coeur de feu.*
114. Michaël DARMON, Yves DERAI, *Belle-Amie.*
115. Ed McBAIN, *Le Goût de la mort.*
116. Joan COLLINS, *Les Larmes et la Gloire.*
117. Roger CARATINI, *Le Roman de Jésus.*
I. *De Bethléem à Cana.*
118. Roger CARATINI, *Le Roman de Jésus.*
II. *De Tibériade au Golgotha.*
119. Franz LISZT, *Chopin.*
120. James W. HUSTON, *Pluie de flammes.*
121. Joyce Carol OATES, *Le Sourire de l'ange.*
122. Nicholas MEYER, *Sherlock Holmes et le fantôme de l'Opéra.*
123. Pierre LUNEL, *Ingrid Betancourt, les pièges de la liberté.*
124. Tamara McKINLEY, *Éclair d'été.*
125. Ouarda SAILLO, *J'avais 5 ans.*
126. Margaret LANDON, *Anna et le roi.*
127. Anne GOLON, *Angélique.* I. *Marquise des anges.*
128. Anne GOLON, *Angélique.* II. *La Fiancée vendue.*
129. Jacques MAZEAU, *La Ferme de l'enfer.*
130. Antonin ANDRÉ, Karim RISSOULI, *Hold-uPS, arnaques et trahisons.*
131. Alice HOFFMAN, *Un instant de plus ici-bas.*
132. Otto PENZLER, *Quand ces dames tuent !*
133. Philippe BOUIN, *La Gaga des Traboules.*
134. Jane HAMILTON, *La Brève Histoire d'un prince.*
135. Jean-Michel COUSTEAU, *Mon père le commandant.*
136. Judith LENNOX, *L'Enfant de l'ombre.*
137. Stéphane KOECHLIN, *Michael Jackson, la chute de l'ange.*
138. Jeffrey ARCHER, *Frères et Rivaux.*
139. Jane AUSTEN, *Orgueil et Préjugés.*
140. Kim WOZENCRAFT, *En cavale.*

141. Andrew KLAVAN, *La Dernière Confession.*
142. Barry UNSWORTH, *Le Joyau de Sicile.*
143. Colleen MCCULLOUGH, *Antoine et Cléopâtre.* I. *Le Festin des fauves.*
144. Colleen MCCULLOUGH, *Antoine et Cléopâtre.* II. *Le Serpent d'Alexandrie.*
145. Santa MONTEFIORE, *Le Dernier Voyage du* Valentina.
146. Charles TODD, *Trahison à froid.*
147. Bertrand TESSIER, *Belmondo l'incorrigible.*
148. Elizabeth MCGREGOR, *Une intime obsession.*
149. Anne GOLON, *Angélique.* III. *Fêtes royales.*
150. Anne GOLON, *Angélique.* IV. *Le Supplicié de Notre-Dame.*
151. Clinton MCKINZIE, *La Glace et le Feu.*
152. Edi VESCO, *Soleil d'hiver.*
153. Tariq RAMADAN, *Mon intime conviction.*
154. Jean-Dominique BRIERRE, *Jean Ferrat, une vie.*
155. Dale BROWN, *Feu à volonté.*
156. Émile BRAMI, *Céline à rebours.*
157. Joyce Carol OATES, *Œil-de-serpent.*
158. Didier PORTE, *Sauvé des ondes.*
159. Alberto VASQUEZ-FIGUEROA, *Les Yeux du Touareg.*
160. Jane AUSTEN, *Persuasion.*
161. Michaël DARMON, Yves DERAI, *Carla et les ambitieux.*
162. Alexandre DUMAS, *Les Borgia.*
163. Julie GREGORY, *Ma mère, mon bourreau.*
164. Philippa GREGORY, *L'Héritage Boleyn.*
165. Tamara MCKINLEY, *Le Chant des secrets.*
166. Dominique JAMET, *Ces discours qui ont changé le monde.*
167. James PATTERSON, *Rendez-vous chez Tiffany.*
168. Anabelle DEMAIS, *Liaison dangereuse.*
169. Deborah SMITH, *Un café pour deux.*
170. Yann QUEFFÉLEC, *Le Piano de ma mère.*
171. Gerald MESSADIÉ, *Jacob, l'homme qui se battit avec Dieu.* I. *Le Gué du Yabboq.*
172. Judith LENNOX, *Des pas dans la nuit.*
173. Colleen MCCULLOUGH, *Les Caprices de Miss Mary.*
174. Jonathan KING, *La Voix des oubliés.*
175. Gerald MESSADIÉ, *Jacob, l'homme qui se battit avec Dieu.* II. *Le Roi sans couronne.*

176. Bernard PASCUITO, *Célébrités : 16 morts étranges.*
177. Tami HOAG, *Contre toute évidence.*
178. Anatole LE BRAZ, *La Légende de la mort.*
179. Jane AUSTEN, *Northanger Abbey.*
180. Ronlyn DOMINGUE, *Le Souffl e de l'éternité.*
181. Judy WESTWATER, *Abandonnée !*
182. Donald JAMES, *Vadim.*
183. Heather LEWIS, *Le Second Suspect.*
184. Louis PERGAUD, *La Guerre des boutons.*
185. Lori LANSENS, *Les Filles.*
186. Philippe BOUIN, *Paraître à mort.*
187. Jeffrey FOX, *Comment être un bon manager.*
188. Clinton MCKINZIE, *Au-dessus du gouffre.*
189. Daniel SILVA, *Le Messager.*
190. Simon MAWER, *Faille intime.*
191. STENDHAL, *La Chartreuse de Parme.*
193. Joyce Carol OATES, *L'Amour en double.*
194. Gerald MESSADIÉ, *Ramsès II l'Immortel.* I. *Le Diable flamboyant.*
195. Gilles van GRASDORFF, *Le dalaï-lama, la biographie non autorisée.*
196. Ann RADCLIFFE, *Les Mystères d'Udolpho.*
197. Deborah SMITH, *La Montagne de l'ours.*
198. Lisa GARDNER, *Jusqu'à ce que la mort nous sépare.*
199. James PATTERSON, *Contre l'avis des médecins.*
200. Robert BELLERET, *Jean Ferrat, le chant d'un révolté* (pack).
201. Gerald MESSADIÉ, *Ramsès II l'Immortel.* II. *Le Roi des millions d'années.*
202. Siski GREEN, *Faire l'amour à une femme, le guide.*
203. Siski GREEN, *Faire l'amour à un homme, le guide.*
204. Jacqueline MONSIGNY, *Le Maître de Hautefort.*
205. Bertrand TESSIER, *Bernard Giraudeau, le baroudeur romantique.*
206. Allan FOLSOM, *La Conspiration Hadrien.*
207. Charles DICKENS, *Le Mystère d'Edwin Drood.*
208. Jacqueline MONSIGNY, *La Dame du bocage.*
209. Bertrand TESSIER, *Delon & Romy.*
210. Tamara MCKINLEY, L'*Héritière de Jacaranda.*
211. Bertrand PASCUITO, *Dalida, une vie brûlée.*

212. Patrick MAHÉ, *Elvis et les femmes.*
213. Anne BRONTË, *Agnes Grey.*
214. Cecilia SAMARTIN, *Le Don d'Anna.*
215. Marie-Bernadette DUPUY, *Le Refuge aux roses.*
216. Pierre LUNEL, *L'Abbé Pierre, l'insurgé de Dieu.*
217. Colleen MCCULLOUGH, *Fleurs sanglantes.*
218. Wilkie COLLINS, *Le Secret.*
219. Gerald MESSADIÉ, *Ramsès II l'Immortel.*
III. *Celle qui s'empara du ciel.*
220. Jacqueline MONSIGNY, *La Tour de l'orgueil.*
222. Lisa GARDNER, *La Fille cachée.*
223. Anne BRONTË, *La Dame du manoir de Wildfell hall.*
224. Jane HAMILTON, *Un acte de désobéissance.*
225. Gene HACKMAN, *L'Étoile perdue.*
226. Mary Elizabeth BRADDON, *La Trace du serpent.*
227. Sameem ALI, *Le Voile de la douleur.*
228. Lisa GARDNER, *Tu ne m'échapperas pas.*
229. Doris GLÜCK, *Niqab.*
230. William DIEHL, *La Loi du silence.*
231. Bernard PASCUITO, *Annie Girardot.*
232. Matt BONDURANT, *Des hommes sans loi.*
233. Roger MOORE, *Amicalement vôtre.*
234. Mary WEBB, *La Renarde.*
235. Philippe BOUIN, *Va, brûle et me venge.*
236. Henry JAMES, *Lady Barberina.*
237. Amelia OPIE, *Adeline Mawbray.*
238. Bertrand TESSIER , *La Dernière Nuit de Claude François.*
239. Shirin EBADI, *La Cage dorée.*
240. Charles DICKENS, *De Grandes Espérances.*
241. Joyce Carol OATES, *Le Département de musique.*
242. Gerald MESSADIÉ , *4 000 ans de mystifications historiques.*
243. Wilkie COLLINS, *La Pierre de lune.*
244. Kirk DOUGLAS, *Le Fils du chiffonnier.*
245. Kathy GLASS, *Violentée.*
247. Louis-Jean CALVET, *Léo Ferré.*
248. Elizabeth VON ARNIM, *La Bienfaitrice.*
249. Deborah SMITH, *Le Secret d'Alice.*
250. Jean-Luc DELARUE, *Carnets secrets.*
251. Tamara MCKINLEY, *La Terre du bout du monde.*

252. Charlotte BRONTË, *Villette.*
253. Seymour HERSCH, *La Face cachée du clan Kennedy.*
254. Cecilia SAMARTIN, *La Belle Imparfaite.*
255. Marie-Bernadette DUPUY, *L'Amour écorché.*
256. George ELIOT, *Silas Marner.*
257. Jean-Noël BLANC, *Grandes heures du Tour de France.*
258. Colleen MCCULLOUGH, *Fleurs sanglantes.*
259. Frances TROLLOPE, *La Veuve Barnaby.*
260. Sam BERNETT, *Johnny, 7 vies.*
261. Charlotte LINK, *La Belle Hélène.*
262. Charles DICKENS, *La Mystérieuse Lady Dedlock.*
263. Charles DICKENS, *Le Choix d'Esther.*
264. Michel EMBARECK, *La mort fait mal.*
265. Richard CONDON, *Un crime dans la tête.*
266. Alfredo COLITTO, *L'Élixir des Templiers.*
267. Emily BRONTË, *Les Hauts de Hurlevent.*
268. *Le Coran.*
269. Philippe CROCQ, Jean MARESKA, *La Vie pas toujours rose d'Édith Piaf.*
270. Mary Elizabeth BRADDON, *Le Secret de lady Audley.*
271. Gerald MESSADIÉ, *Et si c'était lui ?*
272. Kate SNELL, *Le Dernier Amour de Diana.*
273. Wilkie COLLINS, *La Dame en blanc.*
274. Mélanie ROSE, *La Mémoire d'une autre.*
275. Raluca NATHAN, *L'Âme tatouée.*
276. Candice COOHEN-AHNINE, *Rendez-moi ma fille.*
277. *Les Prophéties de Nostradamus.*
278. *Le Grand et le Petit Albert.*
279. Patrice FRANCESCHI, *Quatre du Congo.*
280. Patrice FRANCESCHI, *Terre farouche.*
281. Patrice FRANCESCHI, *Qui a bu l'eau du Nil...*
282. Patrice FRANCESCHI, *Raid papou.*
283. Reynald ROUSEEL, *Ce que les morts nous disent.*
285. Michel TAUBMAN, *Le Roman vrai de DSK.*
286. René BENJAMIN, *Gaspard.*
287. Philippa GREGORY, *La Reine clandestine.*
288. David DOSA, *Un médium nommé Oscar.*
289. Sharon MCGOVERN, *Terrifiée.*
290. Annabelle DEMAIS, *Rose sang.*

291. Maud TABACHNIK, *Je pars demain pour une destination inconnue.*
292. Pierre MIKAÏLOFF, *Bashung, vertige de la vie.*
293. Anthony TROLLOPE, *L'Héritage Belton.*
294. Jacqueline MONSIGNY, *La Sirène du Pacifique.*
295. Charlotte BRONTË, *Jane Eyre.*
296. Stéphane BOUCHET, Frédéric VÉZARD, *Cantat, l'amour à mort.*
297. Molly WEATHERFIELD, *Dangereux plaisirs.*
298. Jacques LAURENT, *Caroline chérie* – t. 1.
299. Jacques LAURENT, *Caroline chérie* – t. 2.
300. Cathy GLASS, *Ne dis rien.*
301. Tamara MCKINLEY, *Les Pionniers du bout du monde.*
302. Gerald MESSADIÉ, *L'Impératrice fatale.* I. *La Fille Orchidée.*
303. Joyce Carol OATES, *Une troublante identité.*
304. Lysa S. ASHTON, *De cuir et de soie.*
305. SHEILA, *Danse avec ta vie.*
306. Cecilia SAMARTIN, *Rosa et son secret.*
307. Elizabeth VON ARNIM, *Père.*
308. Gerald MESSADIÉ, *L'Impératrice fatale.* II. *Le Bûcher du Phénix.*
309. Marie-Bernadette DUPUY, *Le Cachot de Hautefaille.*
310. Bernard PASCUITO, *Coluche.*
311. Nicholas MEYER, *La Solution à 7 %.*
312. Elizabeth GASKELL, *Ruth.*
313. Kathy HARRISON, *Les Larmes de Daisy.*
314. Sarah LARK, *Le Pays du nuage blanc*
315. Louise COLET, *Un drame dans la rue de Rivoli.*
316. Dorothy CHITTY, *Mon ange gardien m'a sauvée.*
317. James HAYMAN, *L'Écorcheur de Portland.*
318. Judith LENNOX, *Mes sœurs et moi.*
319. Fred HIDALGO, *Jacques Brel.*
320. Amale El ATRASSI, *Louve Musulmane.*
321. Antonin MALROUX, *La Fille des eaux vives.*
322. Gérard LENORMAN, *Je suis né à vingt ans.*
323. Alexandre DUMAS, *Le Docteur mystérieux.*
324. Michel QUINT, *Veuve noire.*
325. Jack LANCE, *Tu es mort.*
326. Anne ROUMANOFF, *Normal 1er, roi des Français.*

327. Marc ALYN, *Monsieur le chat.*
328. Madeleine GOLDSTEIN, *On se retrouvera. Survivre à Auschwitz.*
329. Hermine de CLERMONT-TONNERRE, *Le Savoir-vivre au XXIe siècle.*
330. Sean BOYNE, *Mon père m'a vendue.*
331. Alexandre DUMAS, *La Fille du marquis.*
332. Éd. par Joseh VEBRET, *De l'amour, une anthologie de lettres et de poèmes.*
333. Guy ROUX, *Il n'y a pas que le foot dans la vie.*
334. Charlotte BRONTË, *Le Professeur.*
335. Diane et Bernie LIEROW, *Sauvée par l'amour.*
336. Edgar MORIN, *Au péril des idées.*
337. Nicholas MEYER, *L'Horreur du West End.*
338. Émile ZOLA, *Madeleine Férat.*
339. Bernard VINCENT, *Lincoln, l'homme qui sauva les États-Unis.*
340. Raphaël DELPARD, *L'Enfant sans étoile.*
341. Jacqueline BRISKIN, *Paloverde.*
342. Joyce Carol OATES, *Fleur vénéneuse.*
343. Karl ZÉRO, *Disparues.*
344. Colleen McCULLOUGH, *Tim.*
345. Charles DICKENS, *La petite Dorrit* (t.1).
346. Lizzie McGLYNN, *Je te pardonne papa.*
347. Charles DICKENS, *La petite Dorrit* (t.2).
348. Joseph VÉBRET, *Maman, ces poèmes sont pour toi.*
349. Thomas HARDY, *Loin de la foule déchaînée.*
350. Alexandre DUMAS, *Le Chevalier de Maison-Rouge.*
351. Tamara McKINLEY, *L'Or du bout du monde.*
352. Marie-Bernadette DUPUY, *Du sang sous les collines.*
353. Pearl BUCK, *L'Énigme éternelle.*
354. Colleen McCULLOUGH, *Un autre nom pour l'amour.*
355. Lewis WALLACE, *Ben-Hur.*
356. Michael CLEMENGER, *Dans l'enfer de l'orphelinat.*
357. Georges SAND, *Le Dernier Amour.*
358. Cécilia SAMARTIN, *La Promesse de Lola.*
359. Lilli LINDNER, *Moi Lilli, violée, prostituée.*
360. Alexandra RIPLEY, *Charleston.*
361. Mario PUZO, *Le Sang des Borgia.*
362. Jacqueline BRISKIN, *Les Sentiers de l'aube.*

363. Alexandre DUMAS, *Jane.*
364. Tariq RAMADAN, *L'Islam et la réforme radicale.*
365. Anne de BOURBON-SICILES, *Le Chant du pipiri.*
366. Sacha BUZMANN, *Le Jouet du prédateur.*
367. Michel EMBARECK, *Le Rosaire de la douleur.*
368. Pamela HARTSHORNE, *L'Écho de ton souvenir.*
369. Sarah LARK, *Le Chant des esprits.*
370. Brenda JAGGER, *Les Chemins de Maison Haute.*
371. Edgar MORIN, *Au rythme du monde.*
372. François DELPLA, *Nuremberg face à l'Histoire.*
373. Cathy GLASS, *Maman dit que c'est ma faute.*
374. Susan HILL, *La Main de la nuit.*
375. Mélanie ROSE, *Coups de foudre.*
376. Patrick POIVRE-d'ARVOR, *Rapaces.*
377. Alexandra RIPLEY, *La demoiselle du Mississipi.*
378. Colleen MCCULLOUGH, *La Passion du docteur Christian.*
379. Marie-Françoise LOOCK, *L'Encyclopédie des trucs.*
380. Alexandra RIPLEY, *Retour à Charleston.*
381. Thomas HARDY, *Le Maire de Casterbridge.*
382. Paula HADDAD, *J'ai adoré ta fiche.*
383. Brenda JAGGER, *Le silex et la rose.*
384. Karl ZÉRO, *Coupable, non coupable.*
385. Constance MEYER, *La jeune fille et Gainsbourg.*
386. Stefan Au Dem Siepen, *La corde.*
387. Lucy DILLON, *Chiens perdus et cœurs solitaires.*
389. Kim MESSIER, *Baiser à Manhattan.*
390. Tina ROTHKAMM, *Mon combat pour libérer ma fille.*
388. Irène FRAIN, *Le chat une anthologie.*
391. Lindsay CHASE, *Un amour de soie.*
392. Dawn FRENCH, *Cette chère Sylvia.*
393. James PATTERSON, *Celui qui dansait sur les tombes.*
394. Thomas HARDY, *Jude l'obscur.*
395. Brenda JAGGER, *Retour à Maison Haute.*
396. Peter BENCHLEY, *Les dents de la mer.*
397. Hugues ROYER, *Est-ce que tu m'entends ?*
398. Tariq RAMADAN, *De l'Islam et des musulmans.*
399. Bertrand TESSIER, *Grace la princesse déracinée.*
400. Tamara MCKINLEY, *L'île aux mille couleurs.*
401. Diana LAMA, *Scalpel.*

402. Pierre RIPERT, *La franc-maçonnerie révélée aux profanes.*
403. Thomas HARDY, *Retour au pays natal.*
404. Sarah LARK, *Le cri de la terre.*
405. Mary-Jane CLARK, *Vous promettez de ne rien dire ?*
406. Marie-Bernadette DUPUY, *Les croix de la pleine lune.*
407. Jacqueline BRISKIN, *Le palais du Comte Paskevitch.*
408. Borris STARLING, *Vendredi Saint.*
409. Colleen McCULLOUGH, *Le dernier banquet.*
410. Allison DUBOIS, *Ce que nous disent les défunts.*
411. Andreas GRUBER, *48 heures pour mourir.*
412. Edgar Rice BURROUGHS, *Tarzan, seigneur de la jungle.*
413. Tariq RAMADAN, *Etre occidental et musulman aujourd'hui.*
416. Lindsay CHASE, *Le torrent des jours.*
417. Colleen McCULLOUGH, *Les quatre filles du révérend Latimer.*
418. Hélène MONTEL, *Détruite.*
419. Alain-Joseph BELLET, *Je communique avec les défunts.*
420. Philippa GREGORY, *La princesse blanche.*
421. Piero DEGLI-ANTONI, *Bloc 11.*
422. Daniels HOPE, *Abandonnée de tous.*
423. Mary-Jane CLARK, *Si près de vous.*
424. Judith KRANTZ, *A nous deux Manhattan.*
425. Mélanie ROSE, *Retour sur Terre.*
414. TOLSTOÏ, *Guerre et Paix T1.*
415. TOLSTOÏ, *Guerre et Paix T2.*
426. Tamara McKINLEY, *Et le ciel sera bleu.*
427. Jacqueline BRISKIN, *Les Aigles et la Colombe.*
428. Tariq RAMADAN, *Introduction à l'éthique islamique.*
429. Joseph WAMBAUGH, *Soleils noirs.*
430. Boris STARLING, *Vipère noire.*
431. Robin LEE HATCHER, *La Bonne Fortune d'Elisabeth Wellington.*
432. Luc MARY, *Les Derniers Jours des Romanov.*
433. Jean PHILIPPE, *Les Deux Vies de Zidane.*
434. Virginia WOOLF, *Mrs Dalloway.*
435. Julie BOCAGE, *160 recettes ventre plat.*
436. Cecilia SAMARTIN, *Nora ou le paradis perdu.*
437. Rosanne BITTNER, *Orages sur la plaine.*
438. Cathy GLASS, *La Petite Princesse de papa.*
439. Mary Jane CLARK, *Vengeance par procuration.*

440. James PATTERSON, *Black friday.*
441. Judith KRANTZ, *Rendez-vous.*
442. Jolien JANZING, *L'amour caché de Charlotte Brontë.*
443. Adeline YEN-MAH, *Feuille d'automne.*
444. Tariq RAMADAN, *Le génie de l'Islam.*
445. Edith WHARTON, *Chez les heureux du monde.*
446. Navin CHAWLA, *Mère Teresa.*
447. Robin LEE HATCHER, *Les orages du sud.*
448. Catherine BARNERON, *Et pourtant, tu étais ma maman.*
449. Tessa HARRIS, *Meurtre à Oxford.*
450. Claude TILLIER, *Mon oncle Benjamin.*
451. Kristina, Céleste et Juliana JONES, *Jamais sans mes sœurs.*
452. Tamara McKINLEY, *Les orages de l'été.*
453. H. G. WELLS, *La guerre des mondes.*
454. Ensaf HAIDAR, *Mon mari, ma douleur, mon espoir.*
455. Jean-Louis BEAUCARNOT, *Le dico des politiques.*
456. Sarah LARK, *Les rives de la terre lointaine.*
457. Marie-Bernadette DUPUY, *Un festival meurtrier.*
458. H. G. WELLS, *L'île du docteur Moreau.*
459. Charles DICKENS, *Les aventures de Mr Pickwick T1.*
460. Charles DICKENS, *Les aventures de Mr Pickwick T2.*
461. Suzette FRANCIS, *Les dix lois de l'amour.*
462. DALAÏ-LAMA, *Sur la voie de l'éveil.*
463. Rosalind LAKER, *Mademoiselle Louise.*
464. Anne de BOURBON-SICILES, *J'ai quelque chose à te dire.*
465. Alexandra RIPLEY, *Pour tout l'Or du Sud.*
466. Robin LEE HATCHER, *La maîtresse des quatre vents.*
467. James PATTERSON, *La diabolique.*
468. Edith WHARTON, *Au temps de l'innocence.*
469. Jonathan OLIVER, *Cécile, ma fille, ma disparue.*
470. Kate ALCOTT, *La petite couturière du Titanic.*
471. Jérôme LEGRAS, *La conjuration de Göttingen.*
472. Béatrice FONTENEAU, J. M. LAURENCE, *Sans pitié pour les siens.*
473. Charles DICKENS, *Les temps difficiles.*
474. Alfredo COLITTO, *Les Disciples du feu.*
475. Peter de VRIES, *Le Kidnapping.*
476. Anne GOLON, *Angélique, ombres et lumière.*
477. Bernard JAKOBY, *Défunts, comment dialoguer avec eux ?*

478. Elizabeth STROUT, *Amy et Isabelle.*
479. Marcia ROSE, *Service des urgences.*
480. Kathryn TAYLOR, *Daringham Hall, L'Héritier.*
481. Anne GOLON, *Angélique, le chemin de Versailles.*
482. Wilkie COLLINS, *L'hôtel hanté.*
483. Rosalind LAKER, *La femme de Brighton.*
484. James HAYMAN, *Glacé comme la mort.*
485. Tamara MCKINLEY, *Si loin des siens.*
486. Peter ACKROYD, *Le Golem de Londres.*
487. Colleen MCCULLOUGH, *Péché de Chair.*
488. Sarah PRESTON, *Ne dis rien à maman.*
489. Baronne ORCSY, *Le Mouron Rouge.*
490. Barbara CHASE-RIBOUD, *La Virginienne.*
491. Elizabeth HARAN, *Au pays du soleil rouge.*
492. Fred HIDALGO, *Jean-Jacques Goldman.*
493. DALAÏ-LAMA, *Les voies du bouddhisme tibétain.*
494. Michel EMBARECK, *Sur la ligne blanche.*
495. Thomas HARDY, *Sous la verte feuillée.*
496. Cathy GLASS, *L'enfant de l'enfer.*
497. Pearl BUCK, *Impératrice de Chine.*
498. Jean-Hugues OPPEL, *Zaune.*
499. DALAÏ-LAMA, *Les clés du bonheur.*
501. Rosanne BITTNER, Une passion nommée Anna.
500. Virginia WOOLF, *La chambre de Jacob.*
502. Jaycee DUGARD, *On m'a volé ma vie.*
503. Colleen McCullough, *Le cheval de Troie.*
504. Bernhard AICHNER, *La maison de l'assassin.*
505. Kathryn TAYLOR, *Daringham Hall T.2, Le Secret.*
506. COCO, *Comment maigrir sans rien manger.*
507. Jane HAMILTON, *La carte du monde.*
508. Tamara MCKINLEY, *Les fleurs du repentir.*
509. Arno STROBEL, *Enterrées vivantes.*
510. Walter SCOTT, *La fiancée de Lammermoor.*
511. Jocelyne SAUVARD, *Simone Veil.*
512. Sarah LARK, *A l'ombre de l'arbre Kauri.*
513. DALAÏ-LAMA, *Les chemins de la félicité*
514. Jerry AYAN, *Pourquoi je suis pas un papillon*
515. Joseph BELLET, *Les morts sont parmi nous.*
516. Colleen MCCULLOUGH, *L'île du maudit T1.*

517. Colleen McCULLOUGH, *La revanche du maudit T2.*
518. Mary-Jane CLARK, *Pièce montée.*
519. Ford Madox FORD, *Le bon soldat.*
520. Pearl BUCK, *Fils de dragon.*
521. David LELAIT-HELO, *Romy.*
522. Mary CRAIG, *Kundun.*
523. Audrey DELANEY, *Innocente.*
524. James PATTERSON, *La dernière prophétie.*
525. Jane STANTON-HITCHCOCK, *Illusions d'optique.*
526. John GALSWORTHY, *La Dynastie des Forsyte T1, Le propriétaire.*
527. John GALSWORTHY, *La Dynastie des Forsyte T2, Aux aguets.*
528. John GALSWORTHY, *La Dynastie des Forsyte T3, A louer.*
529. Shioban MacDONALD, *Echange fatal.*
530. Allison PATAKI, *Sissi, impératrice malgré elle.*
531. Patrick PESNOT, *La malédiction des Médicis T1.*
532. Ken McCLURE, *Examen Clinique.*
533. Maëlle BRUN, *Brigitte Macron l'affranchie.*
534. Marie-Bernadette DUPUY, *Nuits à Haut Risque.*
535. Susanna MOORE, *In the Cut.*
536. Jane AUSTEN, *Lady Susan et autres nouvelles.*
537. Mary-Jane CLARK, *Morts en coulisses.*
538. Eugène-François VIDOCQ, *Les authentiques mémoires de Vidocq.*
539. Tamara McKINLEY, *L'espoir ne meurt jamais.*
540. Michel TOURNIER, *Les plus beaux textes littéraires de Noël.*
541. Ann CLEEVES, *Mort sur la lande.*
542. Ann CLEEVES, *Des vérités cachées.*
543. Anna JACOBS, *Le destin de Cassandra.*
544. Patrick PESNOT, *La malédiction des Médicis T2.*
545. William THACKERAY, *La foire aux vanités.*
546. Luc MARY, *Marie Stuart, la reine aux trois couronnes.*
547. Dean KOONTZ, *Dark Web.*
548. Elizabeth HARAN, *Etoiles dans le ciel du sud.*
549. Jessica AUERBACH, *Le berceau vide.*
550. Patrick PESNOT, *La malédiction des Médicis T3.*
551. Phillip MARGOLIN, *Une pierre dans le cœur.*
552. Kathy GLASS, *Une enfance brisée.*

Cet ouvrage a été composé
par Atlant'Communication
au Bernard (Vendée)

Impression réalisée à Barcelone par

CPI

en février 2019
pour le compte des Éditions Archipoche

Imprimé en Espagne
N° d'édition : 553
Dépôt légal : mars 2019